玩"赚"社交营销

Networking for fun and profit

[美] Bette daoust 著　李洋 孙璐 朱阳阳 王潇 译

電子工業出版社
Publishing House of Electronics Industry
北京•BEIJING

内容简介

这是一本社交商务营销图书，主要讲述了如何通过社交活动进行营销从而赢利的步骤、方法和创意，包括如何选择要参加的活动，如何在活动当中利用名片营销，如何在活动之后跟进业务，如何利用网站宣传自己，如何建立联盟，以及如何利用微信等网络社交媒体联络生意等。

全书语句短小精悍，话语简练通俗，很容易读下去，书中所提供的社交商务方法简便可行，每章配有问题列表和实用模板，很实用。在这个万众创新、大众创业的时代，本书非常适合想创业或正创业的人们拓展生意和人脉圈子阅读和使用。

图书在版编目（CIP）数据

玩“赚”社交营销 /（美）达吾（Daoust, B.）著；李洋等译. —北京：电子工业出版社，2016.5
书名原文：Networking for fun and profit
ISBN 978-7-121-28569-1

Ⅰ. ①玩… Ⅱ. ①达… ②李… Ⅲ. ①网络营销 Ⅳ. ①F713.36

中国版本图书馆 CIP 数据核字（2016）第 073656 号

责任编辑：孙学瑛
印　　刷：北京天宇星印刷厂
装　　订：北京天宇星印刷厂
出版发行：电子工业出版社
　　　　　北京市海淀区万寿路 173 信箱　邮编 100036
开　　本：880×1230　1/24　印张：12.75　字数：428.4 千字
版　　次：2016 年 5 月第 1 版
印　　次：2016 年 5 月第 1 次印刷
定　　价：49.00 元

凡所购买电子工业出版社图书有缺损问题，请向购买书店调换。若书店售缺，请与本社发行部联系，联系及邮购电话：（010）88254888，88258888。
质量投诉请发邮件至 zlts@phei.com.cn，盗版侵权举报请发邮件至 dbqq@phei.com.cn。
服务热线：（010）88254367。

作者简介

高中毕业以后，贝蒂·达吾博士一直频繁参加各种社交活动。她发现，除非把你的想法告诉大家，激发大家的热情，否则没人会关心你做的任何事。如何吸引大家的注意力？如何以别出心裁的方式介绍自己、介绍产品？如何让大家认识自己，随时随地关注自己？达吾博士决心要找出这些问题的最佳答案。她的朋友和同事都称她为“社交女王”。

几年前，达吾博士产生了一个想法，她决定记录下自己所有的方法和秘诀，帮助大家了解她本人和她的产品。她正直诚实的品质、坚持不懈的努力和卓越的写作能力都帮助她实现了这一想法。她成功出版了一系列指南丛书，包括 200 多本书籍、文章、白皮书和培训指南，指导大家如何实现自己的商业成功。这就是《属于你的成功蓝图》商业系列丛书的诞生过程。

《玩“赚”社交营销》是该系列丛书的主打书目。如果您喜欢这本书，该系列的其他书籍和培训指南肯定也会符合您的喜好。

贝蒂在教育、科技和企业管理方面均有丰富的从业经验，曾与思科公司（Cisco Systems）、皮特咖啡与茶（Peet's Coffee & Tea）、埃森哲公司（Accenture）、Avaya 公司等大型国际公司合作。贝蒂曾在美国亚利桑那州普雷斯科特（Prescott Arizona）中北大学（Northcentral University）就读，获得工商管理博士。达吾博士熟悉各类社交类协会组织，现任扶轮社（Rotary Club）加拿大卑诗省温哥华市耶鲁镇分社的社友，北美商业改进局（Better Business Bureau）旧金山湾地区分支机构的管理委员会委员及其他一些职业协会的管理委员，曾任加拿大兰里堡（Fort Langley）商会主席，扶轮社 Langley Sunrise 分社社长，为美国服务志愿队（VISTA）队长，国际扶轮社 5170 区秘书。

与人分享自己的经验，帮助企业获得成功，是达吾博士挚爱的事业。

致　谢

本书不仅分享了作者自身的社交经验，还总结了作者认识的无数商界成功人士的社交之道。经过丰富的社交实战，作者一眼就能看出哪些社交方法会行之有效，哪些将是徒劳无功。

本书的顺利出版离不开所有参与者的付出。首先，衷心地感谢我的丈夫弗朗索瓦·达吾（François Daoust），他不辞辛苦地编辑、制作网站，帮我解决各种技术问题。其次，我想要感谢我的两个女儿：玛伦·格蕾丝（Maren Grace）在本书修订过程中提出了许多有益的建议；卡琳娜·卡马拉（Carina Kamara）迅速及时地完成了文稿整理工作。最后，感谢两位出色的专业编辑吉姆·费根（Jim Fagan）与凯文·格里森（Kevin Gleason）；Ronda Henstorf & Riley 设计公司富有创造力的封面设计与制作。

此外，特别感谢我的朋友吉尔·卢布林（Jill Lublin）。在本书的撰写过程中，她一直无条件地支持我，鼓励我全方位开展本书的宣传活动。

没有这些人的支持，就没有这本书。衷心地感谢每一个人的付出。

序　言

我们常常坐在办公桌旁思考：如何才能结识更多的人，广泛宣传我们的产品或服务？在数不清的社交组织、专业协会中搜寻，寻找合适的推荐人帮忙引荐你希望结识的人，就跟直接在杂货店排队一样，需要花费大量的时间和精力。我们常常遇到这样的问题，付出的努力没有得到相应的回报，不停地“搜寻-会见-问候”却没有达到理想的效果。有人认为，电子邮件是保持联系的唯一方式；其他人却坚持说，“面对面”沟通效果最佳。我们所选的道路并不一定通往理想的目的地。

我们必须明白，对自己诚实，相信自己的产品或服务是成功建立业务关系的关键。社交并不是为了操纵对方，让他们购买你的产品；而是在不考虑个人利益的条件下，为对方服务与付出。你可能听说过这句话：“付出什么，就得到什么。”如果你为对方付出，对方会认识并了解你，将你推荐给自己的联系人。你希望结识的人自然就会关注你。现实生活中，最重要的不是“你认识谁”，而是“谁认识你”。

《玩“赚”社交营销》指导你绕开一些“费力不讨好”的做法。贝蒂·达吾博士分享了自己多年的经验；了解并运用这些经验之道，取得社交成功变得省时又省力。通过这本书，你将了解最具有影响力的社交组织，建立最有效的社交关系，取得个人成就和商业成功！

吉尔·卢布林（Jill Lublin）

畅销书籍《游击公关》（Guerrilla Publicity）和《社交魔法》（Networking Magic）的作者，前景公关战略咨询公司（Promising Promotion）CEO，好消息传媒公司（GoodNews Media, Inc.）创始人

写在前面的话

我发现，大家在参加活动时，往往只跟自己认识的人进行交谈。大多数人都安于自己的舒适区，不愿触及个人“恐惧因素”。令我们感到恐惧的并不是对方；我们只是害怕被拒绝，无法面对别人对我们的评价。我希望，《玩“赚”社交营销》这本书将帮助你克服恐惧，引导你学会自如地与人交往，享受社交的益处。

全书共分为十二章，另附内容丰富的“资源指南”。各个章节将指导你如何完美应对各种形式的社交活动，无论是战略联盟，还是定位核心业务，或是利用平面媒体和网络媒体，有效传达各类企业信息。

“资源指南”部分为你提供各类信息，帮助你进一步拓展自己的社交圈。资源内容包括推荐书目、业务机会交换、协会、社交机会和服务机构。如果一定要选出最具使用价值的一部分的话，我推荐“资源指南”。

我希望，《玩“赚”社交营销》能成为有价值的社交行动指南与永远的参考工具。

贝蒂·达吾，博士
CEO，蓝图出版社，
Vervial 国际咨询公司
Vervial 集团有限责任公司
Vervial.com

商会
社交媒体
会见
一对一
成功
社交机会

目　　录

第 1 章　社交营销

为提升销售业绩，大多数人会首选参加一些活动来获取订单。这确实是一个好的开始，参与就成功了 80%。但剩下的 20%才是关键，营销专家与普通推销员的区别就在于这 20%。

在社交场合成功营销，必须遵照几个步骤。

本章分为 15 个步骤，一步步帮你完成这关键的 20%，实现在社交场合成功营销。采纳这些建议不一定会为你赢得更多的生意机会，但一定会增加你营销自信心。你必须行动起来，遵照这 15 个步骤，提升商业业绩。任何人无法替你成功。

本章末尾附有问题列表及资源，协助你探索如何充分利用并累积每一次社交活动的价值。

1. 定位核心业务

如果一个公司业务涉及各行各业，什么都做，那么对此我会很怀疑，为什么呢？

你肯定在社交场合上被问过或者问过别人“您是做什么的”这个问题。我也在很多活动场合问过别人或者被问过这个问题许多次，一些人的回答令我相当惊讶，因为他的业务类型繁多，而且各个业务之间毫不相关！这样的小型企业不在少数。我不知道这些企业的核心业务和专长是什么。大家往往没有意识到，业务过于繁多不利于企业发展。

你愿意将复印、领导力培训和擦鞋这三项工作交给同一家公司吗？这或许能称为“一站式服务”，但客户究竟期望从中获得什么呢？我肯定不会付钱给这样的公司。事实上，为了赢得订单，销售人员总是竭尽全力，据我所知，他们总会马不停蹄地尽可能参加每一场网络活动，并称之为“遍地撒网再祈祷”，期待能与一些潜在客户建立合作关系。然而，这些潜在客户在同一场活动当中又如何能区分你与其他销售人员呢？这个问题让很多人迷惑！

我认识一位女士，她声称自己不仅从事销售培训，还可以胜任市场营销培训。乍一看，这没有什么可质疑的。但与她多聊聊，你会发现她真正的专长是销售，而不是市场，销售与市场是两个截然不同的领域。事实上，她继续宣传她的业务还包括领导力培训、变革管理咨询、写作技巧培训，等等。她还自称专业演讲者，随便什么主题，都能即兴演讲。唉……事实上，她是时候要聚焦于自己真正的专长了！

当你放弃“遍地撒网再祈祷”，聚焦核心业务后，找到潜在客户会更容易。在客户眼中，你不再无任何专长，而是个有合作价值的人。定位核心业务，能帮助你更有针对性地描述产品和服务，从而根据自己的真正专长定位你的最佳客户。定位核心业务，只会吸引你需要的客户，即目标客户。

2. 鉴别最佳客户

为什么要鉴别最佳客户？

要更有效地发展合作关系，你需要鉴别最佳客户。最佳客户是利润最高的客户。最佳客户按时付款，你为他提供专业服务，满足他所有业务需求。最佳客户与你工作关系融洽。他信赖你的专业，你竭尽所能满足他一切需求。最佳客户相信，即使产品或服务有不满意的地方，你会分析、解决问题，最终实现双赢。

最佳客户相信你能帮助他最有效地解决业务问题。你能帮助他渡过难关，获得更多利润（你也赢利更多）。与最佳客户发展关系既省时又省力。面对最佳客户，你可以发挥专长，同时你也能帮他聚焦自己的核心竞争力。

但是，最适合你的客户，同样适合于你的竞争对手。你必须与最佳客户维系关系，以防客户流失。因此，必须设计一个业务流程，确保客户百分百满意，这一点十分重要。

有一家小型人力资源公司，主要提供优秀的销售人员。该公司的客户类型多样，但他发现一些客户能为公司带来更多赢利。该公司决定鉴别最佳客户。通过一些特征分类，将销售、营销重点聚焦于符合特征的潜在客户。这样，付出同样的精力与资源，公司赢利更多，因为时间没有浪费在利润率小的客户上。

了解了最佳客户，你能更有效地介绍自己的业务专长。介绍必须言简意赅，所以通常叫作“电梯推介”。推介需字字斟酌，让最佳客户迅速了解你的业务专长。

3. 完善你的推介

推介为什么要控制在5秒到10秒内?

你有多长时间来激发客户的兴趣? 5分钟? 2分钟? 还是30秒? 实际上只有10秒。10秒看上去很短，但你会惊奇地发现10秒可以说很多内容。10秒钟足以说错话并尝试解释或道歉，也足以描述你的专长，吸引客户。当然，这是理想状态。只要完善推介，这就能成为现实。

首先，引起潜在客户的兴趣。然后，试图让潜在客户愿意建立合作关系，并对你的产品产生兴趣。展示你最好的一面，吸引客户很难吗? 一点儿也不难! 语言尽量简短，只需描述核心竞争力。时刻考虑客户。问问自己，客户为什么想买你的产品? 然后从客户的角度告诉他们从中能得到什么。问问自己“他们为什么想更了解你的业务? ”

这些仅需短短几秒钟; 你的客户甚至有时间做出回应。确保你知道你在说什么。最忌讳的是，你想展现自己时，舌头却在打转。下一节我们将讨论如何练习。现在只需遵循以下三点：

◎ 鉴别你的核心竞争力。

◎ 用通俗的话描述你的竞争力。

◎ 写下来，并计时练习。

你见过其他人练习推介吗？肯定没见过！多数人并不练习，他们常即兴发挥，看现场效果。如果你花时间背诵推介，把它内化，则推介显得更真诚可信，你可能会赢得更多客户。你需要拿出镜子、录像机，观察自己的仪态，找到需要改善的地方。

4. 高效练习

**不努力练习，
如何保证推介达到理想的效果？**

在社交场合中，你是否遇到过这种状况，你旁边的人试图描述自己的业务，却一直说错话。这样的状况之所以屡见不鲜，除了重点不突出以外，主要原因是由于没有努力练习推介。

为什么不努力练习？很多时候，对着镜子练习很难为情，旁边有人观看时尤其如此。但是，你应该一遍遍反复练习，让推介成为你的第二天性。所以，有观众并不是件坏事，而是十分必要的。刚开始，可以独自练习，关上房门，确保不被他人打扰；练习一段时间后，再让他人听听你的推介。还是感到不好意思？你可以录音或录像，从中得到反馈。

推介专家会录制自己的发表过程，找到需要改善的地方。他们反复练习，直到自我表现自然平稳。你知道吗，罗宾·威廉姆斯每个电影场景至少拍摄37次，才能达到令自己满意的水平。尽管经验丰富，但他仍然刻苦练习。你能想象迈克尔·乔丹不练习投篮吗？

不努力练习，就无法进步；在发表推介时，甚至会频频出错。为了达到理想效果，你必须成为推介专家。推介专家并不是滔滔不绝的推销员（多用于贬义）；而是言语之间充满自信，举止落落大方。只有练习充分、表达流利，对方才更乐于倾听。

练习推介就像演戏：你必须不断努力，将推介打造得臻于完美。练习不仅仅包括背诵推介内容。通过练习，你必须熟练掌握手势、站姿和表情，以及如何走动，如何摆放胳膊，如何进行眼神交流。把练习过程看做饰演某个电影角色。各种“软技能”，如肢体语言和语调，都有助于推介达到理想效果。

5. 软技能

你交流时的肢体语言和恰当的措辞对成功社交至关重要，这是为什么呢？

盛气凌人、争强好胜的人最引人注目，他们自认为无所不知，因此自高自大，趾高气扬。没人愿意与这种人合作。同样的道理也适用于一个人的语言。没人愿意与消极的人相处，消极的人总是抱怨，总是认为自己是受害者。人们喜欢与积极的人聊天，因为积极的人了解自己的业务，并免费提供咨询意见。

我们都知道，说话者的说话方式将影响听者和信息，但很少有人意识到，听者的肢体语言也将影响说话者。学会耐心倾听，你的肢体语言将产生神奇的效果，这一点非常重要。用心倾听时，你的肢体语言不再咄咄逼人，你能够真正理解说话者的意思。这样的肢体语言让对方感到更亲近，对方自然乐于与你分享自己的故事。

人们喜欢谈论自己。当对方分享自己的故事时，你应该逐渐地引导对方，将谈话引向正确的方向，这一点十分重要。你希望了解对方的业务问题。通过分析对方的话，你将深入了解其业务问题及相应的解决方法。毕竟，你参加活动的目的是为了赢得有效商机，寻求长远合作，谋求长期收益。如何将谈话引向正确的方向呢？你可以问对方“您是否愿意……”“您是否考虑过……”，或者告诉对方“让我想办法帮您。”“我认识一个人，他能……”除此之外，重复对方的话也是不错的选择。

现在，你已经反复练习、多次排练，进行了最后预演，录制影像，找到不足，与导演（自己）沟通，最终完善了推介内容和肢体语言。实战的时候到了！首先确保你选择了适合自己的活动，并且你的目标客户将参加该活动，这样你的推介才能发挥作用。下一节，我们将讨论如何挑选适合自己的活动。

6. 挑选活动

你的最佳潜在客户会参加什么活动?

客户并不是随处可见，唾手可得。在当前经济环境下，尤其如此。因此，必须按照本章第 2 节的要求首先鉴别最佳潜在客户，再挑选适合自己的活动。问问自己，潜在客户会参加什么样的活动。每个人都有自己喜欢参加的活动，你的客户也不例外。和你一样，他们也在寻找各种途径，建立合作关系。了解最佳客户喜欢参加的活动类型后，你应该积极参加同类活动，主动与其他参加者交流。

我常常参加一些自己不感兴趣的活动，因为我的潜在客户可能参加这些活动，而潜在客户就意味着潜在订单。在这些活动上，你可能会意外收获自己的最佳客户。如果你的某位最佳客户将参加某个活动，其他活动参加者肯定也符合你的最佳客户特征。从长远来看，活动前即能预测谁将参加，预测能力得到提升，参加活动所累积的价值也将上涨。这与你挑选私人聚会的方式类似。

挑选活动时，切忌过于急功近利，但你必须明确你应该参加哪些活动以及为什么。并不是每个活动都适合你。例如，如果你销售高端网络系统，那么商会活动无法满足你的需求，因为商会活动参加者都是小型企业。商会活动固然有其存在的价值，商会活动的参加者可能认识你的最佳客户，但你的最佳客户不会参加商会活动。面向大型企业的商业研讨会可能更适合你。符合最佳客户特征的企业多聚集在相同的活动中。当然，如果你的客户是小型企业，那么商会活动是个理想的选择。

你需要不断更新日程表上待参加活动的信息。经常参加活动，其他人才能深入了解你，即使刚开始只是面熟。在活动上常常看见你的人更愿意主动与你攀谈，了解更多信息。有人主动问你："您最近怎么样？业务情况怎么样？我们聊聊吧。"这种感觉非常好。

7. 提前计划

为了充分利用并累积每一次活动的价值，
先吃饱，再社交！

参加活动时，你有没有发现，食物和酒水对所有人都具有强大的吸引力。一到活动现场，所有人都直奔食物和酒水。当然，这很正常；尤其是当你独自参加活动，不认识任何人时，食物和酒水可以缓解你的尴尬。然而，嘴里塞满食物不便于讲话，所以尽量远离食物，但可以拿杯饮料。端着饮料依然可以进行自我介绍。记得提前到活动现场，先吃饱，再社交！

参加活动前，记得查看你的日程表。这是准备工作的一部分。你要记住自己的空余时间，便于安排下次约见。这样才能确保约见时间与日程上的其他活动不冲突。预约后发现自己没有时间，还有比这更糟糕的情况吗？表面上你有了安排下次约见的好理由，但通常这并不利于将潜在客户转化为准客户。用你的智能手机来记录日程！

你肯定不愿意参与到一个尽是抱怨和埋怨的谈话里。记住，你参加活动只有一个目的的，即建立业务关系，引起他人关注。此外，练习如何在不打断对方的前提下自然地加入谈话；贸然打断对方的话，即使是无心之举，也不利于业务关系的建立。

参加活动时，你穿错过衣服吗？提前计划（预测谁将参加某活动）应该包括研究该活动的性质。天气变化是否会影响参加者情况？着装要求是否与举办地点有关？活动的举办方是谁？大家对举办方的看法如何？活动的举办目的是什么？要回答这些问题，首先要了解你的目标客户，并提前了解所参加活动。

8. 了解活动参加者

穿着燕尾服参加活动时，发现其他参加者都穿着短裤，有比这更糟糕的经历吗？

我将反复重复一句话：参加活动前，了解活动的参加者。如果活动参加者不符合你的潜在客户的特征，你可以选择参加，但要明白你不可能获得任何订单。如果参加活动的目的是为了建立业务关系，你一定要提前了解活动的参加者。切忌参加活动过多，忙得焦头烂额，最终得不偿失。所以，首先提前了解谁将参加。如果有你想结识的人，找一个推荐人，进行适当的介绍。

如果你了解所参加活动的礼仪规范，更容易找到恰当的推荐人，结识你的目标客户。请记住：推荐人介绍比唐突的自我介绍效果好得多。推荐人介绍证明你值得信赖。尽量确保你结识的人是企业决策者。我不是否定与企业影响者建立关系的重要性，只是首先结识企业决策者是建立业务关系的最佳途径。如果没能结识企业决策者，通过其他人了解该公司也有助于建立业务关系。这些人可以将你推荐给决策者。这种第三方推荐会带来意想不到的效果。

确保你准确了解活动参加者的信息及其公司职位。此外，公司规模大小也十分重要。因此，谈及具体合作之前，首先要了解相关信息。人们常说，重要的不是你认识谁，而是谁认识你。如果一家公司需要某种服务，而且他们知道你提供这种服务，那么，他们很可能联系你，与你合作。大多数人喜欢炫耀自己人脉广博，但是，如果你不仅人脉广博，而且提供优质的产品或服务（即行业专家），那么你自然遥遥领先。

你了解了活动参加者，甚至分析了他们参与的原因。你会发现，多数情况下，活动参加者是为了获得更多的订单。有时，他们是为了听某个发言人的讲话。分析目标客户之后，你不仅需要准备推介，还需要准备问题，将对方的注意力引到你的专长方面。

9. 提问题

什么样的问题可以赢得对方的信任？

如果你在专业领域信誉良好，目标客户自然愿意与你畅谈自己的“企业痛点”，即该企业亟需解决的问题。“企业痛点”可能是订单量不足，或者是预测跟踪流程不当，甚至可能是未能招聘到合适的员工，处理日常事务。大多数活动参加者都选择谈论困扰自己公司的问题。他们多不谈论自己的成功之处（毕竟活动现场人多眼杂）。他们愿意谈论自己的“企业痛点”。作为行业专家，通过提问，你会发现潜在客户的“企业痛点”。

“这个季度（或今年）您的公司销售业绩怎么样”是个不错的问题。你还可以问对方，“为改进企业业务流程，目前您采取了哪些措施”。为了获得你需要的答案，你还可以问许多其他问题。注意，问题不要涉及细节；你只需了解大致情况，因为你想安排下次约见，进一步深入了解该公司业务。了解企业痛点，不是指探究问题本身，而是确定该公司存在问题，以及问题究竟出在哪里。

如果你对销售特别感兴趣，那么问题应围绕销售展开，而不是询问其他方面的问题，如人力资源等。你必须明确你具体想了解什么，不能盲目地跟着对方的思路走。通常，一个公司的企业痛点远不止一个。记住，你是所在行业的专家，尽量将问题集中于自己的专长，便于为对方免费提供咨询建议。

你问了所有关键的问题，并且得到了答案。这些答案不一定是你想要的；可能你没有机会与对方建立业务关系。重要的是，确保你仔细聆听对方，并提出一些简单的解决方法。你不应该做笔记，做笔记会分散说话者的注意力；花时间练习倾听技巧，学会默记谈话内容。

10. 倾听，倾听，倾听

如果你不多给对方一些说话的机会，
并认真倾听，怎么可能了解对方的公司呢？

我必须再次强调：学会倾听，不要打断对方。你说得越少，你将有更多机会了解对方的公司。练习边聆听边默记，便于之后回想谈话内容。另外，谈话结束后立即将重要信息写下来（用于辅助记忆）。在本书后面的章节中，我们将进一步探讨这一点。将话题转回到倾听，倾听时必须保持对关键词的敏感度，这样你才能判断，你是否能帮助对方，他是否可能成为你未来的客户。

你要留心听关键词，而不是谈论的话题。一般谈话通常不会扩展到企业问题的具体细节；你需要适时提问，接着继续倾听。重要的不是你想说什么，而是你如何提问，以及你如何倾听对方的回答。确保你听得一字不漏，尤其要注意你需要的信息。提供一些短期的解决方法，为安排下次约见做准备。倾听是一切业务关系的关键所在；你必须努力练习倾听。听一些与你的专长相关的网上研讨会，看看你能记住多少，坚持练习来完善倾听技巧。

只听不说并不容易。你有没有发现聚会上所有人都在谈论自己。很有可能你也是这样。我们天生喜欢谈论自己，可能从未认真聆听他人。喋喋不休地谈论自己，不会给你带来任何业务！当心那些喜欢打断他人说话的人；随便打断他人说话会让说话者顿生厌恶之感，多数人希望把自己的话说完（当然是谈论自己）。

倾听是一个需要练习的技能。一直聆听，不发表意见，很难做到。你应该找一个搭档结伴练习。拿上计时器，聆听 5 分钟后再说话。让你的搭档讲自己的经历，这段时间内你只听不说。这可能是世界上最困难的事情之一；学会倾听，你需要培养耐心。

11. 培养耐心

对方热衷于谈论自己和自己的业务，这很正常；
遇到这种情况，如何保持耐心，并帮助对方解决其业务问题呢？

耐心是一种美德。如果双方缺乏耐心，谈话速度将如风驰电掣一般，双方无法仔细思考对方的话，洞察对方的想法。要精准理解对方的意思，我们需要花时间倾听，因此必须培养耐心。你需要时间消化理解对方的意思。耐心聆听意味着听对方把话说完。对方长篇大论地说个不停，非常令人生厌，但这种情况时有发生。说话人很可能不知道周围的人感到十分无聊，就像我们常说的，“吸走了空气中所有的氧气。”但是，用心倾听，你将获得更多信息。当对方侃侃而谈时，不要贸然打断他，但可以适时进行提问（如果时机恰当）。

表面上看，你在鼓励对方滔滔不绝地讲话，从某种程度上看的确如此，但实际上，不打断对方即培养自己的耐心。最重要的一点是，想办法引导对方，将谈话引向你的兴趣点。对方说话时，你应该在心里默记，尤其注意与你的核心业务相关的问题。保持耐心可能是世上最困难的事，但耐心倾听总有回报。试想一下，一群人在食品店门口排队，你恰巧是营业结束前最后一位顾客，那么，店里多余的好东西都是你的了。这就是耐心排队的回报。记住，对方总是热衷于谈论自己，但保持耐心，你会发现认真倾听能给你带来更为可观的回报。

你提了问题，耐心倾听对方的回答，并在心里默记。现在准备工作就绪，可以判断双方是否有可能建立业务关系。如果有可能，建立业务关系并不只是简单地安排下次约见或者交换名片。时机就是一切，在恰当的时机交换信息将影响你跟进潜在客户的过程。

12. 收集名片

参加活动的目的不是收集名片，而是寻找潜在客户。

人们常常问我两个问题，“你如何收集名片”“回办公室后你怎么处理这些名片”。收到一张名片后，你会如何处理呢？通常，名片被放入衣服口袋，而口袋里还有许多其他名片。你有没有遇到过这种情况，整理名片时，发现自己不记得某张名片是谁的，甚至忘记了他的长相和业务专长。这种情况并不少见。一些人活动结束第二天甚至两天后才开始整理一堆堆的名片，他们往往不知所措，因为根本想不起来这些名片是谁的。

如何避免这一情况？不要和每一个人互换名片（如果对方要求互换名片，你很难拒绝），挑选有合作潜力的人，仅仅收集他们的名片。一边收集，一边筛除其实并不难。首先，我只收集一部分人的名片，这些人可能成为我的客户、盟友或推荐人。

听起来很简单，但关键在于如何辨别是否具有合作潜力。

将有合作潜力的人的名片放在同一个口袋，同时携带便利贴以便添加信息。简单的黑白设计的名片看上去非常相似；必须区分所收集的名片。将所有名片分类，按照名片的重要性做不同的标记，即 Y（Yes）表示重要，N（No）表示不重要或 M（Maybe）表示有可能重要。我还在名片或便利贴上标注其他信息，这样我不会忘记对方是谁以及其核心业务。为了将名片与人一一对应，我甚至写下简短的描述。如果下次见面时你能认出并记住对方，对方会十分惊喜，也愿意和你聊天。

为方便后期跟进，我按照标记的三个类别将名片分别放在单独的可重复密封袋中。我还会标注所参加活动的名称。这样，我能记住参加活动的原因，也帮助我鉴别哪些活动是增加订单的最佳活动。刚开始时，标注信息非常重要；千万不要收集每一张名片。

13. 记录信息

既然有了对方的名片，为什么还需要另外记录信息？

记录信息的方法多种多样。可以简单地在名片背面做标注，也可以在笔记本上记录详细信息，或者使用客户关系管理（CRM）软件。无论选择哪种方法，目的是要确保你不会认错人。聊天时对方对你所说的事明显一无所知，你才知道自己认错了人，没有什么比这更尴尬的了。

你可能记得莱斯利·尼尔森（Leslie Nielsen）的一部电影中的一个场景。他饰演的角色负责的一个项目刚刚启动。一次活动上，他将一位公司主管误认为项目投资人，便开始与之谈论这个项目。你能想象，发现自己认错人之后，他只想赶紧找个藏身之处，在找到那个项目投资人之前，不被任何人发现。这种情况下的难题在于如何将一个人的长相同其名字联系在一起。

再看看另一个例子：一位买家走进公司，请销售人员帮忙立即下订单，订单规格与往常一样，说完就离开了。如果销售人员不熟悉他的相貌，或者没有记住他的名字，很可能永远无法填写订购单；这样实在太尴尬了。如果没有记录信息，你很有可能也会遭遇同样的情况。记录信息时没必要一丝不苟，但是为了增强记忆效果，你必须记下关键要素，帮助唤起记忆。试着练习回忆遇到那个人的场景，重复他或她的名字，并回想谈话要点。

而且，潜在客户的名片可以透露许多信息：名片是否原创？色彩是否丰富？制作是否精美？信息是否明晰？设计是否有品位？了解了对方所有信息后，你应该确保对方也了解你。你发表了推介，提了问题，收集了名片，标注必要的信息，准备采取下一步行动。你需要吸引潜在客户的注意力，让对方记住你。通常，名片能帮你实现这一目的。

14. 名片制作

你想通过名片传达什么信息？

我们讨论过通常名片都很相似，区分名片十分困难。因此，你的名片必须不同凡响。一张出类拔萃的名片是深入对话的敲门砖。我为自己的公司 Vervial 公司制作的个人名片十分与众不同，几乎每个与我互换名片的人都称赞不已。甚至有人评价说，这是他们见过最专业、最美观的名片。你应该确保你的名片同样令人印象深刻。花时间与平面设计师一起设计你的名片，使用上乘纸质，专业印刷。一张专业的名片将为你带来更多订单，你会给对方留下更深刻的印象。

不要手工自制名片；裁剪不齐整让人觉得你不重视自己的名片。你可以上网订购物美价廉的名片，但一定要确保物有所值，而且名片背面没有植入店家广告。请记住，活动结束后对方首先看到的就是办公桌上你的名片。对方将信息输入联系人管理系统时也是看着你的名片。花费时间和精力，制造一张独一无二、品位出众、色彩明丽的名片。不必浪费过多心力，只要能使它充分发挥作用即可。比起一辆新车，我更愿意有一张出类拔萃的名片。在活动中，多数人看不到我的车，但他们将看到我的名片。名片不要过于花哨，只要显眼即可。

现在你有了参加活动的工具。你能够辨别活动是否为你创造了足够的价值。你充分利用每次活动，运用所有必要的技巧。接下来，你将学习如何将潜在订单转化为实际订单。首先你需要按照订单的重要性和潜在规模大小将联系人排序，选择最重要的潜在客户，分析订单潜力，继续跟进。

15. 跟进技巧

在活动中遇到潜在客户后却不及时跟进，这样能为你带来订单吗?

现在活动结束了，你收集了一堆名片，在潜在客户的名片上做好标记，将名片分为 Y（Yes，重要），N（No，不重要）或 M（Maybe，有可能重要）三类。现在怎么办？是时候进行跟进了。

迅速及时的跟进效果最佳；你回家后，当晚将联系人信息输入数据库，发送电子邮件或邮寄手写便笺，此时潜在客户对你的印象最深。当然，电子邮件更加快捷，对方回复速度之快令人惊讶。电子邮件增强了沟通的即时性，你可以询问对方参加活动后的感受，是否愿意安排下次约见。对方一定会及时回复，表明是否愿意建立业务关系。如果对方不热衷于跟你合作，那么你可以进一步了解情况，探索双方帮助彼此增加订单的方法。

及时跟进可以为你创造竞争优势。双方共同参加的活动是你进行跟进的原由，而跟进的最终目的是为了安排与决策者的约见，这一约见对业务关系的建立至关重要。你可能与这位潜在客户大致交谈过，现在想进一步讨论如何建立业务关系。参加活动的最终目标就是进入下一个步骤：与潜在客户约见。每次约见都是为了安排下一次约见，并推动业务关系的发展。跟进不是一次性的，跟进的目标就是安排下一次约见，促成潜在订单。

双方建立业务关系，这并不像“火箭科技”那么复杂；毕竟，对方是你一开始就想认识的人，即你的最佳客户。参加相同的活动，及时跟进，深入交流，你们之间便建立了“准关系”。也许活动中与你交谈的人也希望能进行下次约见，但他还未采取行动时，你及时跟进，安排了约见。列出所有需要安排的约见，并尽快跟进。请记住你参加活动的目的：获得订单，而不仅仅是社交。

一定要记住

1．定位核心业务——参加社交活动时，聚焦于你的核心业务。没有核心业务，对方无法了解你的专长。核心业务是企业成功的关键之一。

2．鉴别最佳客户——通过鉴别最佳客户，你可以更有针对性地参加活动。如果你向本地企业销售忠诚度计划，那么你需要参加当地的活动。如果你的目标客户是大型企业，贸易协会（Board of Trade）组织的会议也许更适合你。提前鉴别你的目标客户，即可能购买或投资你的产品或服务的人。明确目标客户之后，参加你的目标客户将参加的活动。

3．完善你的推介——你最多有 30 秒的时间来阐述重要信息，必须珍惜每一秒钟。用一两句话吸引目标客户，让对方产生深入了解的兴趣。完善推介时，学会从潜在客户的角度思考，而不是从自己的角度出发。不要考虑你想表达什么，想想对方希望了解什么。

4．高效练习——一遍又一遍，反复练习，让推介与谈话融为一体。不断练习，让推介像即兴演讲一样自然。花时间努力练习，结果一定不会让你失望。

5．软技能——与谈话内容相比，你的态度、肢体语言，以及沟通方式更能影响对方。与信息本身相比，情绪和情感更能打动对方。热情、友好和真诚将为你带来更多的订单。关心对方时，你的每一个动作都会不同。

6．挑选活动——meetup.com、商会、企业联合会、社区中心和服务机构会提供数不胜数的活动，填满你的日程表。一定要记住，你应该提前了解活动，确保你的目标客户将参加该活动。

7．提前计划——了解你的最佳客户，了解他们参加的活动，制定具体目标，按照需求安排日程。如果安排过多活动，你将没有充足的时间进行跟进，实现目标。挑选适量活动，以便充分利用每一个活动。刚开始时，每周参加两到三个活动，协调安排自己的日程，确保你有充足的时间参加活动并进行跟进。

8．了解活动参加者——再次要求你鉴别自己的最佳客户。你需要提前做好功课。不要依靠个人主观猜测，这样只会浪费时间。功课包括了解谁将参加以及活动主题。竭尽全力搜集一切相关信息，充分利用并累积每一次活动的价值。

9．提问题——我们都希望发现目标客户的“企业痛点”。但是，潜在客户本人可能并不了解企业真正的问题，反而认为其他问题更严重。你的任务是有的放矢，向对方提问，找出困扰对方的问题。大多数人乐于谈论自己的问题，所以发现问题并不困难。你还需要引导对方，确保谈话向正确的方向发展。

10．倾听技巧——俗话说，人之所以有一张嘴，而有两只耳朵，原因是听的要比说的多一倍。认真倾听不仅能了解对方的经营理念，还能发现对方的企业问题。在适当的时候插入提问有助于了解更多的信息。交流时在心里默默做笔记（即全神贯注地听）。

11．培养耐心——这是学会倾听的一部分。只听不说，是世上最困难的事。即使是沉默寡言之人，也会时不时想插句话。如果对方过于健谈，你需要更加耐心。不要打断对方，耐心倾听，你会发现自己获得了更多信息。过于健谈之人往往没有意识到，其他人也有说话的欲望。

12．收集名片——活动不是名片大联欢。收集名片时需小心谨慎地筛选。对方是潜在客户，才有必要收集名片。另外，递送名片前同样需要仔细考虑。不确定双方是否有合作可能时，不要随意向对方递送名片。

13．记录信息——记录潜力客户的相关信息。记录管理联系人信息时，你可以使用纸张文件系统或客户关系管理（CRM）软件（简化版）。记录内容包括结识对方的活动名称，双方的谈话内容及可安排约见的空余时间。

14．名片制作——做一张专业的名片。不要在印刷上偷工减料。专业印刷并不昂贵。审视下自己名片的设计——看上去是否像手工自制的？还是十分专业？不用抢银行就能买到令人满意的 LOGO 设计。花些钱，一次性做出完美的名片。

15．跟进技巧——你需要立即跟进（尽量活动当天进行跟进）。趁热打铁，在潜在客户没有忘记你是谁，对你的印象最清晰的时候进行跟进。将下次约见安排在活动后几天内。每次见面交流的目标在于安排下次约见（和/或订单）。跟进是一个长期持续的过程，确保你的名字清晰地印在理想客户的脑海里。

问题列表

定位核心业务

我喜欢做哪些业务（列出五项）？

____

____

____

____

____

我认为自己在哪些方面称得上专家？

我认为推销什么最容易？

鉴别最佳客户

我在哪些领域赢利最多？

以从业人员数或销售额衡量，我的最佳客户的企业规模是多大？请详细描述。

我目前的客户集中于哪些行业?

我的最佳客户从事哪些行业?

创作你的推介

客户为什么选择我?

我的核心竞争力是什么?

列举与我建立业务关系的优点（不要列举产品或服务功能，陈述我或我的产品能为对方创造什么价值）。

写下你的推介。

____

____

____

____

____

待参加活动列表

参加者姓名	潜在订单

每周活动日程

星期一

星期二

星期三

星期四

星期五

星期六

星期天

了解参加活动者

我将参加的活动名称和地点。

我认识的参加者。

我想通过推荐人认识的人。

提问题

为吸引潜在客户的注意，提出的问题应该是开放式问题，对方回答时需要进行详细的解释和说明，不是仅仅以“是”或“不是”来答复。使用以下疑问词创建问题，向你的目标客户提问。

如果

____

如何______________________________

____

____

为什么______________________________

____

____

什么______________________________

____

____

什么时候______________________________

____

____

谁______________________________

____

____

名片列表

活动名称：______________________________

活动日期：______________________________

公司名称	联系人姓名	潜力及跟进日期

第 2 章　加入组织

如今，各种各样的组织比比皆是，形形色色的活动足以让你每天都忙得焦头烂额。组织类型各不相同，如地方性组织、互联网组织、区域性组织等。加入任何组织之前，应该完成一些功课。通过第 1 章，你已经知道鉴别最佳客户是所有社交之旅的起点。

首先鉴别你的最佳客户，你才知道自己需要加入哪些组织，参加哪些活动。有的活动是每季度一次，有的是每月一次，有的按其他规律定期举办。

而且，你会发现，一些组织采取会员制，会员及其经营的企业类型必须符合严格的入会资格。与其他毫无限制的组织相比，会员制组织显得束手束脚；但是，事实上，两者各有千秋。

在本章中，我们将深入探讨如何加入组织。你将了解如何评估一个组织，衡量投资回报率（ROI），了解时间投入需求，以及对业务推荐和生意机会的期望值。

你还会发现，提供商机的组织与提供推荐的组织截然不同，你需要了解两者的差别。

如果你还未注册，请尽快登录 http://BlueprintsForSuccess.ca 进行注册。注册后即可利用每章末尾的问题列表及资源。我们将实时更新资源，请将该网页设为书签页，经常查看。

现在我们开始讨论如何加入组织。

16. 探索不同的组织

你应该了解一个组织的哪些方面?

你听说过几个业务引荐组织？我知道的业务引荐组织有几十个，每个组织的会员人数达到 20 人以上。业务引荐组织对你大有裨益。问题是，业务引荐组织往往限制每个专业领域或职业类别的代表数量。既幸运又不幸的是，这就限制了组织的会员数量。业务引荐组织可能设有多个分会，特别是当组织规模过于庞大，但某个专业领域或职业类别仍有许多人想加入时。刚设立时，各分会规模往往不大，但随着不断发展，分会规模也逐渐扩大。

那么，如何找到适合你的组织呢？首先，进行考察一定会有所收获。我再重复一遍：进行考察一定会有所收获！我建议你访问几个组织，亲自体验一下。即使你所在专业领域或职业类别已有其他代表，也要想方设法获得邀请。不亲自参加一两个会议，便无法了解会议召开流程及生意机会介绍方式。访问组织时告诉其他会员你正在寻找适合自己的组织，希望了解介绍生意机会的方式。你会惊喜地发现，他们竟愿意为你（潜在会员）提供如此详细的信息。

你可以同时访问现任会员和已退会的会员，进一步深入了解一个组织。访问对象最好包括该组织的发起会员，由于种种原因退出该组织的会员，以及“三心二意”的现任会员。你可以通过现任会员获得这些人的联系方式。

考察和访问结束后，你将明确哪个组织最适合自己。这个组织便是你公司的业务来源。你需要进一步深入考察，将该组织的目标客户与你的最佳客户进行详细对比。

此外，考察时你还需要确定该组织内是否存在你的潜在客户。例如，某组织的会员主要是牙医、医生和其他卫生工作人员，该组织就不适合美容产品公司。但是，对于清洁设备公司和计算机技术公司而言，该组织却是个理想之选。

17. 挑选优质组织

如何挑选高质量、令你满意的组织？

在考虑加入一个组织前，必须对质量进行严格把关；确保该组织满足公司的需求。对一个组织进行质量评估不是个简单的任务。完成参加会议、访问会员等考察工作后，你还需要了解组织的规模大小。

组织的规模大小十分重要。如果组织规模较小，往往无法为每个会员提供足够的生意机会或业务引荐。除非所有会员的目标客户类似，否则这种情况很难避免。如果所有会员的目标客户相同，那么每位会员可以向自己的现有客户推荐其他会员的产品或服务，这一组织将成功帮助会员大大增加生意机会。评估时一定要考虑组织的时间投入要求，以免自己忙得焦头烂额，这一点非常重要。

同时，你应该确保组织的各会员在各自公司或企业的职位达到一定高度。也就是说，该组织各会员是各自公司的影响者还是决策者？参加会议的通常是公司的销售人员。销售人员有能力将你介绍给公司决策者，也可以提供加入其他组织的推荐机会；但是，要想通过销售人员获得订单，需要绕很长的弯路。

公司决策者并不限于首席执行官（CEO），所有公司管理层都可以成为决策者。对于会员无法直接接触公司决策者的组织，直接予以淘汰；影响者有一定的作用，但是从长远来看，如果他们不能直接将你推荐给公司决策者，你就白白浪费了许多时间。多进行一些考察，找到适合你的组织。

确保组织提供的生意机会或业务引荐具有实际价值；而且，在提供生意机会的同时，将你介绍给公司决策者。接下来我们将详细了解各种类型的组织，看看哪种更适合你的需求。

18. 商机互换组织

什么是商机互换组织？这类组织与其他组织有什么不同？

那么，商机互换组织究竟是什么呢？商机互换组织有几个要求：首先，所有商机信息的互换仅限于组织内部，你忠于且仅忠于这个组织。这样，无论是印刷工程师、按摩师，还是其他会员，当遇到某些可能使用你的产品或服务的人时，他们想要推荐的只有你。其他会员以为你发掘商机为己任；成为会员的要求之一便是：你提供生意机会给其他会员，其他会员也介绍生意给你。

提供商机互换的组织数不胜数。对你而言，这类组织是一把双刃剑。如果你做了充足的功课，所加入的组织在你的目标客户所在的领域十分活跃，那么该组织将帮助你增加生意机会。如果你与其他会员在业务上不匹配，那么其他会员将无法为你发掘商机。其他会员为你发掘商机时，需要你提前鉴别最佳客户，并提供必要的业务推荐工具。

利用商机互换组织的最有效的方式就是不断为其他会员提供商机。当其他会员发现你不遗余力地为他们发掘商机，他们将投桃报李，确保你也获得足够的商机。这样，你才愿意继续为其他成员创造价值。因为，如果你没有得到相应的回报，你很可能会加入其他商机互换组织，发挥你巨大的商机发掘能力，提供商机给他们的竞争对手。在这种机制下，你付出的越多，收获的就越多。就像国际商业社交（BNI）的创始人伊凡·米斯纳（Ivan Misner）常说的那样，“付出者收获”。事实确实如此！

商机互换组织有诸多好处，但也存在一些问题。一个十分突出的问题就是，你正全心全意聚焦于自己的业务，其他会员发掘商机必然会让你分神。也就是说，你全力以赴帮其他会员发掘商机，耗费大量的时间和精力，自然会忽视自己的商机，无暇顾及自己的生意。如果为其他会员提供商机是你获得商机的唯一途径，你会处于劣势地位。因此，最佳的解决方案是，聚焦于为自己发掘商机，仅把为其他会员提供商机作为副产品。一定要记住，加入任何组织，都有成本。

19. 考虑成本

谈到成本，你心目中的预算是多少？

在决定是否加入一个组织前，你必须权衡几个因素。其中一个重要的因素是成本问题。谈到成本，你首先想到的可能是金钱成本。商机互换组织会费有高有低，有的可能只需一顿饭的价格加 20 美元，有的可能高达每年数千美元。考虑金钱成本时，确保自己充分了解组织的各方面详情，并正确评估加入组织的潜在价值。

除了金钱成本，你还必须考虑加入组织的时间成本。如果每周一次会议，时长两小时，时间安排在傍晚，那么便不会占用你为自己发掘生意机会的时间。然而，如果每周例会安排在午餐或晚餐时间，便很容易与会见客户的时间相冲突，导致无法满足客户需求，造成客户不满。如果会议数量不多，而且时间安排得当，需要投入的时间成本自然不高。同时，你还需要计算交换商机所产生的时间成本（你需要为其他会员提供商机，其他会员也需要介绍生意给你——这些活动也需要时间）。

在最终决定之前，除了加入该组织的时间成本，你还需要考虑加入后的潜在回报。例如，许多组织将邀请各行各业的企业演讲嘉宾，这样的组织更值得加入。

发掘商机的过程中，会费只是投资的一部分。为提高企业收益，我们必须竭尽所能，不断发掘商机。加入一个组织的投资回报究竟是多少？要想知道答案，最好的办法是提前充分了解并分析各种因素。

注意有关终止会员资格的规定。如果能充分融入组织，一切顺利，当然最好；万一不小心被取消会员资格，一切就太晚了。因此，你必须学会聚焦。

20. 学会聚焦

加入组织时，为什么需要学会聚焦？

上一章中我们提到，参加活动时要学会聚焦。学会聚焦，你才能脱颖而出。你需要聚焦于公司订单的来源，即你的目标客户。如果没有定位核心业务，表面上看你似乎“无所不能”，实际上却已落入陷阱之中——事事涉足，但都浅尝辄止。

在第 1 章中，我们也谈到要确保自己熟悉推介，并熟练掌握自我推介的方法。学会聚焦与你在各种场合自我介绍的方式密切相关。在组织内，你应该树立自己在领域内的“专家”地位，为其他会员提供产品或服务，赢得其他会员信任和依赖。

那么，如何学会聚焦？你需要花时间去明确企业未来的发展目标，以及实现这一目标的具体步骤。这是企业发展规划的一部分。学会聚焦并不是关注你的业务量有多大或你从事什么行业，学会聚焦的关键在于你提供的服务和产品。学会聚焦涉及方方面面。

首先，学会聚焦可以指坚持完成每天的业务目标。你可以下定决心，每个月完成十个约见，或者参加三个社交活动。

其次，学会聚焦既可以指平衡家庭生活与工作，也可以是只聚焦于拓展业务。保持两者平衡，维持社交和工作的乐趣。

最后，学会聚焦可以指开发一套核心产品和服务。这并不是要求你为各种人提供各种产品和服务，而是树立你在某一领域内的“专家”地位，为你的最佳客户提供服务。

如果你聚焦于开拓更多业务，你需要合理、高效地分配你的时间和金钱。社交活动和商机互换组织是两个不错的选择。你还可以选择其他一些组织，帮你塑造与其他企业互相合作、互相支持的形象。如果你聚焦于开拓业务，你可以首先选择加入商会，赢得尊重，寻求突破。

21. 商会

在什么情况下商会是个理想的选择？

加入商会（或贸易协会）几乎是每个企业或个人的最佳选择。商会为会员提供各种好处。商会经常举办社交活动，通常称之为“商会联谊会”。商会还组织会员企业展览会，吸引其他社区的企业，增加订单交易量。利用各种活动、网站和旅行社，商会帮助会员企业进行宣传推广。对于中小型企业而言，加入商会的会费并不高，而且收益绝对不少。

加入商会后，你将有机会参与各种委员会与赞助活动，甚至可能成为午餐会或晚宴的主旨发言人。商会是了解本地、全市或全省范围内商务信息最新动态的一个有效渠道。与商机互换组织不同，对每个专业领域或职业类别的会员数量，商会没有任何限制。

通过发放企业通信稿和传单，商会帮助各会员企业进行宣传。此外，你可以在商会内部开展特别活动，为购买你的产品或服务的会员企业提供特殊优惠。在加强当地商业道德建设方面，商会可以为你提供一个公开发表意见的平台。

对于初创企业和小型企业而言，商会是个很好的发展平台。同时，商会也赋予中等规模企业更多话语权。只要你按时缴纳会费并遵守商业道德规范，即可成为商会会员。商会没有忠诚度要求，因此你可以加入许多不同的商会。对于业务遍布多个城市的企业来说，这一点十分有利。其他组织可能有严格的忠诚度要求，而商会恰好没有这一限制。

最后要注意一点：你的竞争对手可能也是商会会员！了解你的竞争对手非常重要，而商会为你提供了一条捷径。商会没有互相交换商机的规定，你必须主动推介自己，利用会员名单，找到自己的客户。

22. 会员忠诚度要求

如何提前了解组织的会员忠诚度要求，以免贸然加入不适合自己的组织？

许多组织对会员有忠诚度要求，限制所有会员在组织内部交换商机。由于忠诚度要求可能与你已经计划的其他活动相冲突，因此，在决定是否加入一个组织前，你需要弄清这一问题。如果某组织没有忠诚度的相关要求，你需要访问现任会员，查看他们是否参加了其他许多组织。如果现任会员的精力分散在多个组织，那么他们可能无法为你提供足够的商机。

如果某商会或演讲组织对会员忠诚度有严格要求，你应该首先将它从待加入组织名单中去除。忠诚度要求应该仅限于商机互换组织。另外，确保组织内其他会员同样重视会员忠诚度问题。即使存在会员忠诚度要求，有人还是会钻空子，加入不同地区的其他组织。事实证明，忠诚度是决定一个组织成败的关键。

了解你的客户参加的组织，确保他参加的组织没有限制其选择商业伙伴的范围。有的组织禁止会员与非组织会员的企业合作（如果组织内会员可以提供某产品或服务）。例如，我曾经考虑加入一个组织，但是该组织规定，加入后立即中断与目前的印刷服务商之间的业务关系，与组织内的印刷服务商合作。为了会员忠诚度要求而放弃已有的良好业务关系，这绝非明智之举。深入考察，尽早发现各种不利因素。

理论上，忠诚度要求意味着，在一个封闭的组织内，你和其他会员互相帮助，促进彼此业务发展。这并不意味着你不能与组织外的其他企业做生意（你必须确保所加入组织没有这一要求）。会员忠诚度只是成为会员的要求之一；你知道，会员还必须参加组织会议，按时缴纳会费。不管采用什么标准，必须衡量所有组织的价值。

23. 组织的价值

如何衡量组织为你所创造价值的大小？

衡量一个组织的价值可以利用以下几种方法。首先，对现任会员进行评估。列出一系列评估指标，从 1 分到 10 分对每个会员进行打分。评估指标应该包括哪些呢？这完全取决于你加入该组织的具体目标。例如，如果你从事电脑维修业，你可以以各会员公司的电脑数量为评估指标；此外，你还可以参考另一个因素，即各会员目前合作的电脑维修商。

至少设定三个评估指标，挑选部分会员组成一个样本，对样本进行打分，这样评估效果最好。没有必要评估每一位会员；一部分样本即可达到理想的评估效果。

其次，你应该考虑每位会员（或会员样本）加入该组织后增加的订单量。你还需要了解各会员与组织内其他会员之间的业务合作。

完成对一个组织的衡量之后，你应该使用相同的评估指标衡量你感兴趣的每一个组织。

最后，你需要比较各个组织的评估结果，排除主观情感因素，做出客观判断。以事实为依据，你就能预测各个组织能为你提供的商机的数量。

既然建立了一系列评估组织价值的指标，创建了测量工具，你应该尽量多衡量一些组织。你可以选择只加入评估结果排名前 20%的组织。你可能需要考虑另外一个因素——会议的时间和地点。你的日程安排必须保持一定的开放性和灵活性，以满足参加各种组织活动的要求。

24. 日程表

社交组织的活动安排在什么时候更有利?

日程表是最有价值的工具之一。事实上，你的日程表安排了你每天的行程。如果你能掌控你的日程表，你就能真正掌控你的工作（和家庭）。每天你需要安排一些时间，查看你接下来五个工作日的日程。当然，五天之后还有许多约见，但五天内的约见最为重要。你需要合理安排日程表上的每一分每一秒，留出适当的时间用于交通和行政工作。有会议安排的情况下，你需要将准备时间加入到你的日程安排。我多次遇到毫无准备就参加会议的人，这样的情况发生次数之多，令人吃惊。其实，准备用不了多少时间，但是必须安排到日程表上。

日程表不能只包括约见和会议，你还必须安排实际工作的时间，例如整理提案或服务客户。还需要安排适量的“停工时间”，让你喘口气，休息一下。不要忘了，你需要跟进所属细分市场的发展趋势。对所有企业来说，考察时间都必不可少——加入到你的日程安排上！

不能掌控自己的日程表的人会发现，每一天都面临着挑战：如何在八小时内完成所有任务。除非精心规划自己的日程安排，否则永远无法战胜这个挑战。日程表不仅应该包括社交活动的时间，还包括进行跟进及发送邮件的时间。一个安排合理的日程表可以帮你巩固业务关系，提高工作效率（远超出你的想象）。

计划对一个企业的成功有着举足轻重的作用。计划不需要精确到每分每秒；只是安排好每天的活动以及应对“紧急情况”的灵活时间。例如，有些医生每天留出一些空余时间来处理未预约的门诊或急诊。他们提前知道，很可能发生急需他们的情况；如果类似情况没有发生，那么这些时间也可以用于其他事情。计划时不要漏了帮助他人及接受帮助的时间！

25. 如何让他人帮助你

在一个组织中，你的核心业务和推介尤其重要，你知道这是为什么吗？

记住，帮助他人就是帮助自己，这一点十分重要。我认识一个人，他常常给客户发送最新的技术文章，便于客户及时了解相关行业动态。他从未主动要求客户增加订单，只是一直保持联络，给客户发送最新消息和趣闻，帮助客户提高工作效率。人们常说，“种瓜得瓜，种豆得豆”。生意场上确实如此。他不断付出，进而巩固了业务关系。而且，当需要相关业务时，客户首先想到的就是他。最终，他的付出有了收获，赢得了大量的订单。

帮助他人帮助自己，你可以直接询问他们的意见，或者向他们介绍你的业务专长。如果对方不知道你提供什么产品或服务，他或她怎么可能为你提供帮助？同样采用上一段提到的分享资讯的方法，你可以给客户发送自己业务专长方面的相关文章。例如，如果你是使用电子表格的行家，与对方分享使用电子表格的详细指南或实用技巧。告诉他们，你认为这些信息可能对他们有所帮助。通过电子邮件、微信、微博或其他社交媒体，你可以与他们保持联系，而且十分简单便捷（同时他们可以与其他人分享你发送的信息）。

帮助他人帮助自己，还有一个很好的方式——几个人进行圆桌讨论。讨论没有必要面对面进行，你可以使用 iWowWe（详细信息请参阅资源指南）或其他技术进行网络会议。讨论围绕你和其他参会者亟需解决的问题展开。讨论的问题不一定与业务相关；可能是你需要一个水暖工、一个保姆，或者只是需要某人送你去开会。讨论时，其他与会者提出解决方法，同时，你发掘了与对方的一个连接点，之后对方很可能成为你的客户。

帮助组织中的其他会员，你将获得他们的信任和尊重。你会发现，多数会员也愿意为你提供帮助。要记住一点，你完成了对该组织的详细考察，为组织各会员提供帮助，证明你成为会员所能创造的价值。你不需要无时无刻都推销自己，但你一定要不断付出。

26. 组织的推介

一个组织如何推介自己？为什么需要了解组织的推介？

每个组织都有自己的"行事风格"。有的组织管理严格，会员需要填写各种表格，并上报所有交换的商机信息。而其他组织的管理可能比较宽松。一定程度上，组织氛围将影响其他会员给你介绍生意的方式。在考察的过程中，你应该抛开组织推介的影响，努力挖掘组织内深藏的所有规则。

我在加利福尼亚州和温哥华时发现，有几个组织称自己为“金牌组织”，保证你加入后订单大幅增长。经过考察，我发现这些组织的会员企业市场推广难度本身不大。如果你的企业推广难度大，不管该组织的推介如何天花乱坠，加入后你无法得到足够的商机。你支付会费，耗费时间和精力为其他会员发掘商机，而你却得不到应有的回报。

如果组织推介中不包含现任会员的详细信息，如专业领域或职业类别等，你应该谨慎考虑是否加入。加入前确保你至少参加两次会议。第一次会议往往就像情侣约会一样美好；结婚后游戏规则很可能会发生改变。

一般情况下，在做出是否加入的决定之前，我会参加两次会议。参加第一次会议时，我收集现任会员的名片，并继续跟进，在接下来一到两周内与他们进行一对一的约见。这样做的目的是为了深入了解他们的业务，进一步了解这个组织，以及安排下次约见，商讨业务合作。与几位现任会员进行约见之后，我会决定是否有必要参加第二次会议。如果我再次参加，我一定会利用我的评估指标和测量工具，进行深入分析。

如果你对某组织的运作方式或会员类型有所疑虑，你应该重新考虑是否加入该组织。如果该组织的推介和你的考察结果正符合你的要求，加入该组织可能会让你的企业受益匪浅。决定时一定要保持头脑清醒，并确保所有时间投入和金钱成本都物有所值。

27. 加入的原因

我们一起来明确你加入组织的目的。

在做出是否加入的决定之前，首先要明确自己希望从组织中获得什么。如果只是为了生意机会，首先确保你有能力为其他会员创造价值，再向组织索取所需。出于商业目的加入组织十分简单，一般不会遇到什么阻碍。但是，如果你的目的还包括锻炼自己的社交能力，与其他会员建立良好的人际关系，你应该提前花时间了解其他会员。

通常，社交并不是商机互换组织的主要内容，但你可以选择把它设为你的主要目标。如果你想通过商机互换组织建立长久的关系，你应该不遗余力为其他会员提供各种信息与商机，分享自己的意见与建议。这是赢得他们信赖的最佳途径。

加入组织的另一个重要原因是锻炼你的领导能力。你可以展现自己，让其他成员看到你擅长与人合作，因此你一定是一个很好的商业伙伴。你要记住，在你刚刚加入一个组织时，其他会员并不了解你，你还没有树立所在领域内的“专家”地位。如果你想要成为组织负责人之一，你应该首先为其他成员提供优质的服务，再加入组织的领导团队。不要过于急功近利，否则可能会遭到其他会员的排斥。

那么，你为什么要加入组织呢？答案包括三个截然不同的方面：只为了订单，社交，以及磨砺领导力。如果你明确自己的主要目的，那么加入组织一定会帮助你取得成功。

决定加入哪个组织并不是个简单的任务，但加入后还有许多其他重大决定等着你做。一些组织，如协会、商会及贸易组织，需要会员自愿加入领导小组和委员会。了解其他会员的最佳方式就是主动为组织提供服务。这也为其他会员创造了进一步了解你的机会。

28. 提供服务

什么时候适合主动担任职务，为组织提供服务？

你有没有听说过这样一句话，“做成一件事情最快的方法是请忙碌的人帮忙”。我认为事实确实如此。实际上，这句话描述了一个事实，忙碌的人往往计划性强，工作效率高，并懂得将自己的一部分任务委托给其他有能力完成的人。与常人相比，忙人在有限的时间内能完成更多的事情。忙碌的人完全掌控自己的日程表，并且懂得适时拒绝。

例如，我的全职工作时长每周至少 55 个小时。除此之外，我还写书，写文章。这看上去已经十分忙碌，但我还要做许多其他事情：我经营一家图书营销咨询公司，我主动参与扶轮社（Rotary Club）的一些项目，我每天锻炼两次，我照顾家庭并帮助家人解决难题。做完这些，我仍然有时间发掘值得投资的新项目，签订其他合约（开发培训模块），最重要的是，还必须进行考察并大量阅读。我如何完成这么多工作？我提前计划我的每一天，每一周，具体安排每件事的时间。这样，空闲时间都被填满；如果我没有足够的时间，我就重新计划安排或委托给其他有能力完成的人。

我相信，自愿为组织工作是你回馈组织的机会，你不再是一个只懂得索取的会员；有付出才有收获，你将赢得更多的订单。自愿为组织工作，你将体会到如何领导、支持并经营一个组织。

自愿为组织工作也有许多其他好处。所有会员都认识你，在你的专业方面他们首先会想到你，你成为值得信赖的核心人物，更多的人想认识你。为组织提供服务确实需要花费时间，但电话推销也需要时间。从长远来看，为组织提供服务将为你带来可观的回报。

29. 说“不”

什么时候需要说“不”？

对于忙碌的人来说，他一生中最重要的目标也许就是平衡。与常人相比，他们从事更多的工作。如果他们觉得自己无法胜任某项工作，他们便会拒绝。拒绝通常是因为该项目超出其能力范围。说“不”并不意味着完全拒绝，他们可能会请其他有能力的人帮忙。忙碌的人往往认识很多愿意提供帮助的人。你是否曾经希望自己没有主动担任某一职务？因为工作十分繁琐，你发现自己忙得焦头烂额。我相信我们都有过类似的经历。我们常常不知道如何拒绝；有时候虽然我们拒绝了，但由于态度不够坚决，对方并没有察觉出来。

如果不得不承担某项任务，但是时间和精力有限，你应该如何处理这种情况呢？

例如加入组织的委员会，为组织提供服务。解决方法就是，你担任委员会的总负责人，将各项工作分配给委员会的各个委员。虽然你仍然需要花费一些时间，但是你会赢得所有会员的广泛认可，你是整个工作团队的领导者，而不是个微观管理者。例如，如果你担任社交委员会总负责人，社交委员会现在需要策划活动，你将不同的活动委托给委员会的各个委员，而你只需监控整个过程。这样，时间投入成本最低，而且你也能够提供帮助。

要记住的最重要的一点是，决定是否为组织提供服务时，你一定要审慎考虑。如果你没有足够的时间和精力，承担更多的工作也是徒劳无功。记住，稳固的商业关系不是一朝一夕建立起来的。要想赢得信任，取得进展，必须要付出长期的努力。你主动为组织提供服务，给其他成员提供帮助和生意机会，其他会员也会介绍生意给你。

30. 对商机的期望

你传递了多少个商机?

需提醒的是，你必须付出再付出，才能期望其他会员给你提供生意机会。你需要鉴别你的最佳客户，发表你的推介，并向其他会员介绍你的业务专长。除此之外，你还需要建立信誉。完成这些步骤之后，你期待获得多少个生意机会呢？如果你做了充足的功课，你应该明确知道每位会员能为你提供什么。如果你的期望值是平均每周每位会员为你提供一个商机，那么结果很有可能让你大失所望。获得一个商机后最大的问题是，你无法确定商机对你的产品或服务是否有需求。商机不同于业务引荐。商机仅仅代表可能，而业务引荐是直接将你介绍给一个需要你的业务专长的潜在客户。

成为长期会员以后，你可以提高对生意机会和业务引荐数量的期望值。介绍应该是提供生意机会和进行业务引荐过程中的重要一环，千万不要遗漏这一环节。如果缺少了介绍环节，商机就无异于普通的电话推销。有时候，其他会员提供的商机看似是潜力客户，却无法保证他目前是否有需求。然而，如果提供的是一个业务引荐的话，那么潜在客户对产品或服务的需求基本上是毋庸置疑的了。

确保你获得的所有生意机会都是合格的。为了保证商机质量合格，你需要向其他会员介绍你的目标客户以及具体商业计划。如果你明确告知其他成员该如何帮助你，那么你每个月将获得至少三到四个优质的生意机会和业务引荐。

不要混淆生意机会和业务引荐的概念。两者之间存在明显的区别。生意机会是指第二方认为他或她认识的第三方需要你提供的产品或服务。业务引荐是指如果一个企业需要你的产品或服务，经介绍后双方会见并讨论建立合作关系。

一定要记住

1．探索不同的组织——你会发现，不同类型的组织在会员结构和工作重点上各不相同。花一些时间来考察你感兴趣的各个组织，访问并参加会议，记录重要信息。各个组织并不相同，找到适合你的组织，实现你的商业目标。

2．挑选优质组织——组织会员主要由企业影响者还是由企业决策者构成的？组织会员的职位是否与你的潜在客户在同一级别？组织会员是否与你的目标客户一起工作？为找到适合自己的组织，你必须找到这些问题的答案。

3．商机互换组织——加入商机互换组织前，你需要了解该组织的规则。组织是否有排外性要求，规定每个专业领域或职业类别只允许一位代表参加？是否规定每周或每月交换一定数量的商机？为其他会员挖掘商机与为自己开拓业务分别花费多少时间？你喜欢这个组织吗？

4．考虑成本——成本不只包括金钱成本，还包括时间投入，如参加会议（出勤要求以及服务时间要求）。加入一个组织前，你需要确保自己有足够的时间和金钱，否则就无法充分利用组织为自己创造价值。

5．学会聚焦——加入组织的一般目的是为了订单，但你也可能为了社交。无论你的主要目的是什么，大多数组织会为你提供担任组织领导或委员会负责人的领导力机会。

6．商会——商会是你开启自己的社交之旅的好地方。商会没有发掘商机的压力；每个月会邀请重量级演讲嘉宾。商会还举办联谊会和企业展览会。商会是你了解当地商业社交网络的第一站。

7．会员忠诚度要求——你很可能将一个有忠诚度要求的组织从待加入名单中去除，但只要你理解了忠诚度要求背后的原因，就不会发生这样的状况了。忠诚度要求便于会员间互换商机，因为你是所属专业领域或职业类别的唯一代表。忠诚度要求并不意味着其他会员一定会为你带来业务引荐（只有当其他会员了解、信任你之后，生意机会和业务引荐才会源源不断）。

8．组织的价值——衡量一个组织的价值时，你至少需要三个评估指标，并且需要创建一个测量工具，对每个会员进行打分（从 1 分到 10 分）。多考察几个组织，依次打分，比较评估结果后再决定参加哪个组织。

9．日程表——通过日程表安排你所有的工作并不像想象中那么简单。除了记录约见，你还需要将会议准备时间，跟进时间，电话时间和实际工作的时间加入到你的日程安排。合理地安排你的日程，有效地充分利用开拓业务的时间。

10．如何让他人帮助你——主动提供建议并奉献自己的时间（但要注意适量）。如果有需要帮助的地方，无论是在工作上还是在家庭上，告诉他人你的需要，说不定有人能帮上忙。这是与他人建立良好关系的最佳途径之一。

11．组织的推介——你第一次访问一个组织的时候，大多数会员都会努力展现他们最好的一面。每个组织都有自己的推介，用于介绍组织所能提供的好处。你需要深入考察，这样才能发现真相（往往并不像推介中承诺的那样美好）。

12．加入组织的原因——最终决定加入之前，最好明确你加入这个组织的原因。是为了磨练你的领导能力？还是为了为其他会员提供帮助？或者只是为了获得生意机会和业务引荐？

13．提供服务——你是个忙碌的人吗？你是否愿意主动提供服务，一边为其他成员提供帮助，一边树立你在领域内的“专家”地位，赢得其他成员的信任？主动提供服务，你与其他会员的关系将更加紧密。花时间去主动为组织提供帮助，回报将相当可观。

14．说“不”——当他人请求你帮助时，“不”是最难说出口的一个字。如果不考虑时间投入要求，你很可能直接就答应帮助对方。如果确实无法拒绝，担任领导者的职位，尽量将工作分配给其他人。

15．对商机的期望——首先尽快融入集体，不求回报地给其他会员提供商机，之后才期待其他会员介绍生意给你。请记住，生意机会和业务引荐存在明显的差别。当其他会员信任你的职业道德和工作习惯，并和你进一步交往时，他们才会为你带来业务引荐。开始时期望值不要过高，生意机会和业务引荐会逐渐增多。

问题列表

考察记录

组织名称：

____

会议地点：

____

会议日期和具体时间（每周一次，每月两次或每月一次？）：

____

组织规模：______________________________

你认识几个会员？______________________________

组织特色：______________________________

会员是企业影响者还是企业决策者？

____

是否有排外性要求？______________________________

对商机数量的期望值：

每月获得：______________　　每月提供：______________

详细评价：

____

____

____

____

会员评估表

姓名：______________________________

评估指标（列举 3 项）　　评级（1~10 分）

1. ______________　______________

2. ______________　______________

3. ______________　______________

潜在订单（总计）

______________　______________

姓名：______________________________

评估指标（列举 3 项）　　评级（1~10 分）

1. ______________　______________

2. ______________　______________

3. ______________　______________

潜在订单（总计）

______________________________　______________

姓名：______________________________

评估指标（列举 3 项）　　评级（1～10 分）

1. ______________________　______________

2. ______________________　______________

3. ______________________　______________

日程表

时间	活动

第 3 章　战略联盟

可供选择的合作方式多种多样。有时候，为了共同投资经营一个项目，双方成立合资公司。通过分工合作，双方发挥各自的专长，共同分担工作任务，提供产品或服务。一般情况下，缺少任何一方，这一生产或服务过程都无法完成。

战略联盟的独特之处在于，各盟友间的业务互补性是建立联盟的基础。换句话说，建立战略联盟，是为你的核心竞争力（你的业务专长）提供（已经存在的）附加产品或服务。

例如，对于一家电脑主机服务公司来说，它可以同时与网页设计公司和视频电子邮件公司结成战略合作伙伴。网页设计公司和视频电子邮件公司需要主机服务，而主机服务公司也需要设计师帮助自己进一步完善自己的产品和服务。

在这一章中，你将深入了解战略联盟的方方面面，包括如何挑选战略盟友，如何建立并维持良好的联盟关系，如何从战略联盟中获益，以及如何维持合作伙伴关系。

你可能认为，对你而言，这种社交关系毫无意义。这种想法必将成为你开拓业务的“拦路虎”。所有的社交都是工作，你必须聪明地工作；而建立战略联盟，就如同拥有许多免费的业务销售人员。

31. 结盟动因

战略联盟最显著的优势是什么?

为什么要建立战略联盟?结盟之后,一大批业务销售人员将免费为你工作。结盟帮助你聚焦核心业务,提供更多相关的产品和服务。关于战略联盟的定义,每个人都有自己的看法。接下来我将讲述一段自己的经历,希望对你有所启发。

我曾打算与一个正在创业的人建立战略联盟。他和另一位合伙人来到我家,我邀请了几个朋友和商业伙伴,计划商讨与他结盟的可能性。他向我们展示了自己的产品,展示过程十分精彩。我很喜欢他的产品,也愿意为他介绍生意机会。听了我的想法,他兴奋不已。接着,他表示希望能与我的现有客户群体合作。我问他,我们之间应该建立什么样的合作关系。他的回答是,他可以搭顺风车,直接利用我现有的销售成果。我接着问他,我应该如何利用他的客户群体为自己创造价值,他如何帮助我获取订单。

猜猜他怎么回答。他只希望建立单向关系:我只能帮他增加订单量赢利!这样,我们将无法聚焦于自己的核心业务。我们进入一个新领域;新领域与我们的核心业务可能有一些联系,但无法完全匹配。毫无疑问,尽管他的产品很不错,这一潜在联盟最终没有实现。因此,联盟必须是双向的。每个合作伙伴都能从联盟中获得好处。

在这个例子中,上文提及的企业并不是合作伙伴的理想选择。理想的合作伙伴所提供的服务应该能够与我们的服务互相组合销售。记住,你必须审慎选择你的合作伙伴,这一点十分重要。联盟前,双方都应该确保这一合作关系能为彼此增加订单。

32. 理想盟友

你希望与什么类型的公司建立联盟？

理想合作伙伴应该是什么样的？就是在核心业务上与你没有竞争关系的公司。也就是说，联盟对象与你的产品可以优势互补。如果你销售轮胎钢圈，那么你可以和轮胎公司结盟。建立联盟后，双方互惠互利。虽然属于同一个行业，但两个公司的核心业务不同。通过建立战略联盟，双方实现合作双赢。

那么，如何找到适合自己的合作伙伴？首先，你需要定位自己的核心业务；然后，在聚焦核心业务的前提下，找到与你的核心业务互补的公司类型。明确你理想的联盟对象的业务类型后，你必须进行调查，查看潜在联盟对象是否已经与你的竞争对手结盟。挑选联盟对象时不能过于草率；一定要进行调查。如果你仔细观察，你会发现，未经调查、直接建立的战略联盟多以失败告终。

有的公司可能对建立战略联盟不感兴趣，因为他们计划自己开拓与核心业务互补的新业务。找到理想的潜在联盟对象后，首先进行全面调查，了解真实情况，再向潜在联盟对象提议结盟。只有这样，你才能说服对方，确保战略联盟是实现互惠互利，合作共赢的不二选择。

像建立合伙企业一样，战略联盟双方需以书面形式订立协议，应该把双方的“预期陈述和保证”加入协议内容。订立协议时，双方应当遵循诚实信用原则。这种关系可以叫作“渠道合作伙伴”或“经销商”。虽然这些名字听起来都很熟悉，不同的叫法隐含着不同的意义。实际上，你需要的是一个称职的渠道合作伙伴，帮助你推广产品和服务。

联盟常常被称为“渠道合作伙伴”。渠道合作伙伴可以帮助你转售许多产品，如果你能找到一个合拍的联盟伙伴，你的订单量将不断上升。寻找战略联盟对象时，一定要定位正确的行业或领域，并进行全面的调查。

33. 寻找盟友

如何寻找合适的联盟伙伴？

常常有人问我，“你是如何找到合适的联盟伙伴的？”其实答案相当简单。花一些时间进行调查，潜在联盟对象就会出现。但一定不要急着建立联盟，先将重心集中于寻找潜在联盟对象的过程。

寻找潜在联盟伙伴时，可以参考你的竞争对手的联盟伙伴。你的竞争对手的联盟伙伴就是你的潜在联盟伙伴。此外，你还应该以现有业务关系为依托，向现有客户或联系人寻求引荐。通过引荐建立战略联盟的成功率最高。当然，选择其他方法，也可以找到合适的潜在联盟伙伴；但是，其他方法往往更费时费力。在本章的后面几节，我们将讨论寻找联盟伙伴的其他方法。

挑选合适的联盟伙伴的第一步是，列出联盟伙伴候选人名单。这些候选人需要满足以下几个条件：与你的目标市场相同；有能力将你的产品或服务纳入其业务范围；联盟形成后将给双方带来足够的利润。

确定潜在联盟伙伴的名单后，一定要全面调查每个潜在联盟伙伴，了解他们的方方面面，包括他们从事什么行业，提供什么产品或服务，如何与客户做生意。除此之外，你还需要思考双方的产品和服务如何才能实现优势互补。找到合适的潜在联盟伙伴后，你必须准备充分，拟定建立战略联盟的提议计划，确保成功说服对方。

战略联盟是一个双向关系，提议计划中必须详述如何将联盟伙伴所提供的产品和服务与你的产品进行组合销售。如果你做了充足的功课，互换产品目录应该不成问题。建立战略联盟的前提是，联盟能够实现互利互惠，合作共赢。

34. 进行洽谈

找到联盟伙伴的理想人选之后，接下来应该做什么？

找到联盟伙伴的理想人选之后，你可以着手准备洽谈，安排与潜在合作伙伴进行圆桌会议。提前列出所有协议条款，再与潜在合作伙伴就协议主要条款进行协商，确保最终达成的协议让双方都感到满意。一定要记住，在初次洽谈、签订协议之前，再三确认联盟关系建立在互利共赢的基础之上。也就是说，协议谈判结束之后，你没有觉得自己赔了夫人又折兵，也不认为自己占了个大便宜。

另外，你需要确保潜在合作伙伴在业务往来中遵守商业道德，致力于不断提升客户的满意度与忠诚度。从哪里了解这些信息？首要信息来源就是潜在合作伙伴。提前准备一系列问题，访问你的潜在合作伙伴，评估对方的诚信度，了解针对不同客户类型的客户服务现状。通过访问，你大致了解了潜在伙伴的信誉。

应该将绩效预期与承诺加入双方协议中，即产品或服务的销售量预期以及营销力度预期。记住，这是一个联盟，联盟的目的是增加双方的业务量，进而获得更多的订单和利润。更多销售人员为你工作，销量却不见增长，有什么比这个更糟糕的吗？

为了确保合作伙伴能帮助你增加销量，你需要进行相关培训，就如何推销你的产品进行指导，并提供营销推广工具，如产品演示光盘、说明书和其他资料。提供推广资料和服务的规定应该写进协议中。刚开始，你可能会觉得自己单方面负担过重，但从长远来看，你才是最大的受益者。为确保联盟取得成功，联盟关系确立后，公开宣布联盟的消息，并与合作伙伴的客户建立关系。

35. 联盟的潜在收益

如何衡量战略联盟的潜在收益？

要衡量战略联盟能为你创造的潜在收益，首先需要考虑结盟的投资回报。投入时间和金钱后，你什么时候开始赢利，或者至少达到收支平衡？据我观察，一般情况下，第一个会计季度，联盟伙伴需要了解你的产品和服务，销量通常不大；但是，到了第二个会计季度，销量将显著提升，达到收支平衡，实现初步赢利。如果联盟伙伴在你的产品上有相关业务经验，起步阶段的发展速度可能更快。你会发现，有时候，结盟后双方快速实现赢利；但是，一般情况下，至少两个季度后联盟双方才开始赢利。

记住，你与联盟伙伴建立的合作关系才是结盟的重中之重。形成联盟关系后，合作伙伴将为你带来业务引荐，向你介绍他们的现有客户。你应该意识到，结盟的最大的好处是，你的商业关系网络不断扩大，而利润增加仅仅是联盟关系的一个附加值。联盟协议建立在为双方增加赢利的基础之上；稳固的合作关系必将满足你的期望，为你赢得更多利润。但是，从长远来看，巩固和维持联盟关系才是长期增加销量行之有效的策略。如果你不断为联盟关系注入活力，利润将成倍增长，产品和服务将超越客户的期望。

让我们总结一下一个成功的战略联盟将为你带来的潜在收益。

包括：

◎　一个帮助你销售产品或服务的合作伙伴；

◎　一个为你提供意见和建议的稳固的商业关系；

◎　一个帮助你增加赢利的合作伙伴。

为保持联盟的活力，你需要学会如何经营联盟关系，让联盟茁壮成长。

36. 经营联盟

保持良好商业关系的最好方法是什么？

确立商业关系之后，你应该全力经营双方的关系。事实上，许多人维持商业关系的时间比经营家庭的时间还多！巩固商业关系最直接有效的方法是及时回答对方的问题，满足对方的需求。快速响应对方的需求比定时发送信息更有助于巩固双方关系。迅速的回应将给客户或商业伙伴留下深刻的印象。

想象一下，逛街的时候，你看中了商店的一个物品，在询问店员商品情况时，店员说等会儿再回答你的问题。他打了一个电话，和其他店员聊会儿天，又开始做其他事情，迟迟没有给你答复。这种情况下，你很可能会马上离开。巩固与客户和合作伙伴的关系也是如此。回应越迅速，对方越愿意与你做生意。

同样，对方也需要全力经营联盟关系。关系是个“双行道”。你不可能永远单方面地提供信息、解决问题；你需要一些回报。既然对方希望你及时作出回应，你一定也同样期待对方快速回复你的问题。及时回应对联盟双方都至关重要。

对战略联盟进行投资，将获得什么回报？常见的形式是销量增加，获得业务引荐。你向现有客户引荐你的合作伙伴，并介绍合作伙伴的产品或服务。你希望你的合作伙伴也会为你介绍生意机会。

巩固战略联盟关系与明确合作双方各自的利益，这两者有些细微差别，只是很少有人察觉。如果你能发现这一差别，联盟关系将进一步向前迈进。

37. 明确双方利益

WIIFM（What’s In It For Me）是指联盟能给合作双方带来什么。如何让联盟伙伴百分百满意？

不要忘了，合作伙伴或联盟伙伴只关心自己能从合作中获得什么。联盟伙伴可能把你看做摇钱树或者是拓展业务的机会。无论结盟的目的是什么，联盟伙伴希望确保自己是真正的赢家。这并不意味着你必须要放弃自己的利益；但是你必须明确联盟伙伴选择结盟的动机。一定要记住，如果你不积极帮助联盟伙伴，他们也不会主动为你提供帮助。

举个例子，我曾经有一个客户，一家小型互联网公司。这家公司想通过互联网建立联盟，让联盟伙伴帮助自己销售产品。结盟是个不错的想法，这家公司相继建立了几个联盟，却遇到了一个问题：销量增长缓慢。

原因很简单：确立联盟关系之后，该公司忽略了联盟伙伴的需求，眼中只有自己的利益。结果可想而知，联盟伙伴同样缺乏动力，不愿意主动帮助他们增加销量。还有一个问题：挑选联盟伙伴时没有进行仔细筛选，根本不了解各联盟伙伴的核心业务。这家公司一心想着增加销量，却忘了鉴别最佳客户。对于这家公司来说，结盟是一场“数字博弈”，他们只关注自己的销量，忽视了联盟伙伴的需求。

建立联盟的出发点是好的，但是，除潜在赢利外，经销商几乎没有获得任何好处。而且，沟通渠道也非常有限，唯一追踪的数据就是销售量。这些都说明了同一个问题，这些联盟关系并非是互惠互利的；因此，销量增长缓慢的问题日益凸显。这样的联盟关系毫无可利用的杠杆价值。

38. 联盟的杠杆价值

为什么应该将杠杆机制引入联盟关系？

“杠杆”一词常常带有负面含义，例如，发行垃圾债券进行杠杆收购，利用高风险资产和负债资金进行杠杆式投资。其实，“杠杆”并不是个贬义词，谋求发展并不意味着必须牺牲其他企业的利益。杠杆也代表力量和效益。将杠杆机制引入联盟，可以放大双方收益结果，进一步巩固战略联盟关系。与联盟伙伴齐心协力，共同利用杠杆效应，必将实现互利共赢。

例如，我曾经合作的一家商店计划利用杠杆效应巩固与各个渠道合作伙伴的关系。这家商店首先安排了与某个合作伙伴的会议，讨论如何拓展关系，实现双赢。一方面，该合作伙伴表示，希望进一步了解公司产品，多参加与目标客户群相关的培训。另一方面，总公司希望探索如何巩固合作伙伴的现有客户关系，进而帮助合作伙伴获得更多的订单。

这样，在利用杠杆效应的基础上，双方能够挖掘对方关系网络潜力，提升客户服务质量。各渠道合作伙伴可以吸引更多的客户，因为他们对产品有了更深入的了解。他们不仅能够获得新客户，并且为产品创造了附加价值。销量增加后，总公司和各合作伙伴都能获得赢利。

通过利用杠杆效应，充分挖掘现有客户和产品的潜力，联盟双方客户服务水平得到进一步提升。有了这次成功的经验之后，总公司向其他渠道合作伙伴采取了相同的策略，各渠道合作伙伴都认为这是非常有益的尝试。

要成功引入杠杆机制，应该直接向高层决策者提议，提议时必须强调潜在的利润增长空间。

39. 建立联盟

联盟关系应该建立在什么层次?

常常有人问我，“如何获得机会直接与一个公司的决策者面谈？”答案并不简单。因为有的组织在各个不同层次都有不同的决策者，当然这取决于该组织的规模大小。如果对方员工人数只有十人左右，你很可能需要直接与该组织总裁或 CEO 面谈。重要的是，不要浪费时间在没有最终决策权的人身上。如果你发现与你会见的只是决策影响者，你要知道，从长远来看，他们无法最终决定能否建立联盟关系。

那么，如何与决策者建立联系呢？方法数不胜数，最简单的方法是，从企业高层下手。我知道，很多 CEO 不愿意与销售人员会见，也不需要亲自处理所有日常事务。所以，联系他们可能会有点困难。

建立联盟关系的最好办法是了解对方的企业痛点（目前最困扰该企业的问题），

并提供解决方法。例如，一家公司想建立一个渠道销售网络或合作伙伴网络，增加订单销量。这是公司迈入发展新阶段的目标之一，但是当时公司只有几个经销商。为成功建立联盟关系，必须安排与公司各个负责人的会议。如果联盟关系最终成功，这些负责人将新增更多利润。利润增加是确保公司加入联盟的条件。

为对方创造利润不是接触到 CEO 的唯一途径。你还需要了解该企业的业务目标，看你能做些什么帮助其实现目标。关键在于，证明你能为该公司创造价值。展示自身价值时，不应该只列举你的产品或服务的特征，而是详细说明产品优势和业务增长潜力。

40. 联盟的要求

如何确保自己有能力提供盟友所需的业务解决方案或服务?

你只能确保与联盟企业的目标和使命保持一致，所以你必须深入调查，了解联盟企业的发展动力。不积极主动的话，你不可能赢得任何订单，因为如果你无法充分了解对方，对方肯定也不怎么了解你。如果可以的话，尝试通过内部推荐人获得参观了解对方企业的机会。发掘对方着力解决的问题，结识几个企业关键人物。商业关系需要时间的巩固。如果没有充分了解对方企业内部运作，双方不可能建立战略联盟。

只有了解对方的企业痛点，才能找到真正需要的解决方法，或一种可行的解决方案，帮助对方到达成功的终点。可能你还需要提供免费咨询和服务，帮助自己融入对方的企业，了解其商业模式。只要获得了对方的信任（首先你必须值得信赖），建立互惠互利的联盟其实很容易。要记住，先了解对方的企业，再想办法巩固双方关系，这一点非常重要。

调查是确保你找到有效的解决方案的关键。除此之外，你还可以考虑对企业的客户进行评估。在本章前几节中，我们已经讨论过评估，我想强调的是，与通过企业员工了解企业相比，进行评估可以帮助你将更深入地了解企业。根据评估结果，你可以全面分析双方应该如何建立联盟。双方必定能建立良好的业务关系。

41. 监控联盟

什么时候需要对联盟进行监控管理?

联盟无时无刻不需要监控管理。如果忽视自己的联盟伙伴，你就无法从联盟中获利，双方的业务关系也将无法达到你的预期状态。你知道，这一个普遍真理：如果你忽略一个人，他往往会忘记你，或者他至少认为你并不重要，选择其他人陪伴自己。这一真理同样适用于联盟合作关系。一定要记住，把合作伙伴当做客户，始终保持联系。任何业务关系都取决于双方是否保持联系，以及你是否为合作伙伴提供丰富的信息，使联盟关系充满活力。

双方不需要进行大量频繁的沟通，但一定要建立定期沟通机制，确保双方共同参与。同时，你必须了解联盟伙伴的企业现状，制定计划促进对方帮助你提高订单量。

双向承诺和沟通应该包含在任何联盟协议和合作协议之中。如果双方不作出承诺，便无法确保深入的沟通，也就无法及时了解最新、最重要的信息。而且，只有充分了解各种信息，才能够有效发挥联盟的作用。

我建议，联盟双方共同制定一个完善的沟通制度，定期进行交流。你需要和合作伙伴共同协商，确定需要交流的信息内容和沟通频率。当然，必须保证临时信息沟通渠道畅通，便于讨论类似如何改进产品或服务的问题。

实时监控管理联盟，就能及时为联盟提供需要的帮助。此外，你还能够提前发现所有潜在问题。战略联盟可能出现各种各样的问题，但持续有效的沟通可以最大程度降低伤害，甚至提前解决这些问题，防止问题恶化，保护双方关系。

42. 联盟的潜在问题

如何发现战略联盟的潜在问题?

联盟和伙伴关系总会出现各种各样的问题。世事没有什么一帆风顺。也就是说，什么都不简单。联盟需要经营，必须及时解决任何可能出现的问题，以防关系破裂。那么，联盟可能出现哪些问题?

首先，联盟伙伴可能没有聚焦于如何有效地推销你的产品或服务。他们可能计划先销售其他公司的产品，再处理你的产品。要想解决这个问题，你需要说服对方，证明你们之间的联盟能帮助对方获益。

其次，销售你的产品或服务后，联盟伙伴没能完成预期订单量，想要解除合作关系。你有两个选择，要么放弃联盟关系，寻找新的合作伙伴，要么继续合作，努力提高订单量。如果可以的话，你们应该尽量维持合作关系。因为，从长远来看，这样不仅赢得了对方的尊重，而且有助于增加销量。

仔细想想，保持当前的联盟关系，只需加大培训和支持力度，比重新寻找新的合作伙伴成本更低。

最后，联盟还可能面临人事变动的问题，新员工可能不信任你的产品线（对方可能更喜欢你的竞争对手的产品）。在这种情况下，为拯救联盟关系，双方必须加强联系沟通。

当然，联盟还可能出现许多其他问题。但是，根据我的企业联盟经验，上面提到的三个问题最为常见。我时常邀请渠道合作伙伴参加问卷调查，了解对方对联盟关系的态度，如是否对联盟失去兴趣。我也经常观察分析每个合作伙伴创造的产品收益，从中可以看出产品是否需要更新换代，或者是否需要调整业务重心。你需要设定维持联盟关系的最低标准，以这一标准为双方关系的起点。

43. 划清底线

联盟关系能走多远？

在联盟濒临崩溃时，提前设定的底线可以帮助提醒你。我建议将底线设置在真正的灾难点之上。事实上，底线应该在完全理想状态和完全崩溃状态之间的 75%左右的位置。这样，在关系完全破裂之前，你可以与合作伙伴共同努力，寻求补救方法。合作伙伴销售停滞是正常现象，但如果还出现双方沟通不足、缺乏有效的市场营销等现象，你应该知道，背后隐藏着更深层次的问题。

销售停滞时有发生，营销力度有时也会减弱，这些情况都在所难免。如果你实时监控联盟的所有细节，不断给予支持，联盟伙伴会坚信，在你心中，自己依然十分重要，你没有向其他合作伙伴倾斜，不会对联盟产生不利影响。你还应该知道，提前制定服务级别协议，就销量、市场推广力度以及优先购买权达成双方共同认可的协议，有助于促进联盟的成功。你必须记住，你是所在领域的专家，联盟伙伴需要你的帮助和支持。

忠告：你应该一直

◎ 为联盟伙伴的客户提供支持。

◎ 监控给予每个联盟伙伴的支持总量。

◎ 同时，给予有需要的合作伙伴更多的帮助和培训。

为了找到潜在问题，你需要利用多个接触点。如果没能随时掌握情况，你将面临失去大量订单的风险。

44. 预防联盟崩溃

如何判断一个联盟是否即将分崩离析?

如果双方缺乏有效的沟通，联盟必将走向失败。如果联盟伙伴未能遵循服务级别协议的规定，完成共同认可的任务，联盟也无法取得成功。签订服务级别协议，就像设置联盟关系中的里程碑，便于实时监控联盟情况。服务级别协议不仅可以有效减少联盟伙伴的不满，也有助于减少合作伙伴的客户对于服务的投诉。当然，设定业绩目标的基本前提是，所提供的产品和服务的品质上乘。如果质量没有达到标准，联盟肯定会失败。

互相指责是造成关系恶化的最重要因素。老话说，“千万不要过河拆桥，你永远不知道你什么时候还会经过这里。”如果双方能够互相协商，并尝试理解对方，进而解决遇到的所有重大问题，联盟关系一定能够保持前进的势头。有效的沟通是一剂万金油。

遇到问题却坐视不管，你失去的将不仅仅是一个联盟。联盟关系破裂后，双方共同的客户将不得不选择阵营，销量将直线下降。面对两个企业互相冲突的困境，客户通常会选择终止合作。为防止这种情况的发生，尽量在关系刚刚偏离正轨时发现问题，及时解决问题，以免情况失控。

联盟失败的原因还可能是因为投资回报率没有达到预期。一旦涉及金钱交易，双方关系就会充满变数。你首先需要建立关系，维持关系，再考虑投资回报率的问题。在双方共同认可的服务级别协议中，应该规定联盟双方终止联盟计划的权利，以应对产品或服务未达到预期标准的问题。这样，双方可以选择“和平分手”，即使企业战略联盟终止，依然可以保持友好的个人关系。

45. 开发现有联盟

如何充分利用现有联盟的价值?

正如我们前面所提到的，与现有的联盟伙伴合作，保持现有关系的活力，比寻找新的联盟伙伴容易。必须确保联盟能给合作双方带来各种好处，令联盟伙伴满意。如果对方认为维持联盟关系对自己毫无益处，对方可能不太愿意继续合作。我曾经与一家公司合作，为该公司拟定协议；该公司经常说，我们的目标是“每天都给客户惊喜。”就这样，公司的回头客和订单越来越多。他们没有选择先降低承诺目标再超额完成任务，而是通过保证优质服务和产品，满足并超越客户期望。

“超额完成”这个词正在被滥用。现在，“超额完成”的含义是，一个人设立一个容易实现的承诺目标，再超出预期完成工作任务。这种“超额完成”让客户感觉自己上当受骗。正确的做法是，设立高标准，以极致的高品质实现这种预期目标；而不只选择超额完成一个低标准的目标。如果最终结果大幅超越目标水平，这说明你设定的目标水平过低。如果承诺目标水平设置过低，客户和合作伙伴一定会识破这种“超额实现”的伎俩。

只有充分利用现有联盟，才能吸引更多回头客和订单。优质服务与产品和“保证成功”的承诺才能推动业务关系蓬勃发展。这样，也只有这样，他们才会主动将你推荐给其他企业。

一定要记住

1．结盟动因——你当然可以选择“自力更生”，但建立战略联盟有助于快速增加订单。寻找与你的业务专长不同、但目标客户相同的企业。除了你的业务专长，为客户提供更多其他东西，何乐而不为呢？

2．理想盟友——业务互补的企业往往是理想合作伙伴。对方没有能力提供的产品或服务正是你的业务专长，为什么不考虑一起合作呢？

3．寻找盟友——可以在准备加入的组织中寻找合作伙伴。有些组织已经形成了“核心圈”，你可以先利用好这个小圈子。随时仔细观察，寻找与你的产品互补的企业。

4．进行洽谈——除非对方了解你，否则大多数企业不愿意与你联盟。如果你在业内信誉良好，而且了解目标企业的内部运作，那么建立联盟并不困难。

5．联盟的潜在收益——良好的联盟关系首先会带来更多订单。你的联盟伙伴可以帮助你建立更多的业务关系。

6．经营联盟——任何关系都需要经营。缺少定期沟通，就无法保持健康的关系。良好的沟通技巧是维持现有关系的关键。

7．明确双方利益——大多数公司加入战略联盟是为了从中获利。他们发现，建立联盟后，不仅可以获得大量的潜在订单，大规模的客户群，而且可以为自己的产品增加新的产品和服务。

8．联盟的杠杆价值——“杠杆”并不是个贬义词。它只是意味着，你将新增许多客户（即你的战略伙伴的现有客户），争取更大的市场份额。你和合作伙伴可以共享彼此的销售成果。

9. 建立联盟——一般情况下，能否建立联盟由组织决策者决定。也许你采取迂回战略，选择与销售人员联系，但是否建立合作关系、共享现有客户资源的最终决定权只属于公司 CEO 或高管。只有决策者同意，才能与一个企业建立联盟关系。

10. 联盟的要求——你需要了解目标盟友的企业内部情况。熟悉对方的产品和服务，如果可以的话，参加企业内部培训，熟悉技术支持相关部门。你可能需要向现有客户介绍联盟伙伴的新产品或服务，你必须了解自己推荐的产品或服务。

11. 监控联盟——监控是保持联盟关系活力的关键。定期沟通是监控过程的一部分。你需要了解联盟伙伴的方方面面，因此双方应该设立一套标准，规定彼此需要了解的具体内容。如果没有实时监控，联盟很可能失败。

12. 联盟的潜在问题——出现问题在所难免。众所周知，各种问题会不断出现；这就意味着，我们应该及时解决这些问题。监控可以帮助你了解销量信息，这些数据通常可以帮助我们发现潜在问题。

13. 划清底线——成功的战略联盟应该是什么状态？设定一系列标准衡量联盟的状态。依次列出这些标准，在距离顶端约 75%的地方画一条线。如果列表中 25%的标准都开始出现问题，你应该加强沟通，避免联盟崩溃。

14. 预防联盟崩溃——没有人希望联盟失败。保持沟通、实时监控、重新讨论协议，这些都有利于保持联盟的活力。发现问题并共同寻求解决方案是一个理想选择。有时，联盟关系确实难以维系，因此必须设定适当的终止联盟计划。联盟的目的只是为了双赢，仅此而已。

15. 开发现有联盟——维持现有合作伙伴关系比寻找新的盟友更容易。确保联盟对双方都有利。不断创造惊喜，推动联盟关系蓬勃发展。

问题列表

潜在联盟伙伴

公司名称	优势

联盟分析

潜在联盟伙伴的名称：

联盟企业能帮我销售：

我希望从联盟获得：

对方希望从联盟获得：

这个联盟能够实现双赢吗？并陈述理由。

第4章　通知公告

表面上看，公告与社交毫不相关，但两者之间确实存在联系。例如，发布活动公告后，你需要利用自己的社交关系进行宣传，邀请更多活动参加者。

公告的用途多种多样，不仅限于活动宣传，还可以用于发布各类信息，包括推出新产品、产品测试、新闻报道、赞助、捐赠等。在本章中，我们将一一介绍这些用途。另外，我们还将介绍一些非常有趣的技巧，讨论如何利用公告获得有价值的联系人。

你有没有发现，咖啡厅或熟食店的公告栏总是贴满了各式各样的公告。旁边还常常堆着一沓沓名片。我会习惯性地收集这些名片，主动联系名片主人；实际上，这种联系方式非常出其不意。因为，直接把名片放在公告栏旁得到的回应相当少，而你恰恰可以充分利用这一点，为自己累积价值。

接下来，我们首先讨论召开研讨会，获取新订单。

46. 想增加业务量？快筹办研讨会

为什么举办研讨会有利于增加业务量？

要想清理闲置物品，举办一次旧物甩卖。要想增加业务量，举办一次研讨会。筹办研讨会，可以一次性与大量目标客户建立联系。愿意参加就表明对研讨主题感兴趣。筹办研讨会的第 1 步，是获取潜在客户所在组织的邮件列表，邀请列表中所有成员；不要忘了邀请你以前的客户和现有客户。另外，想办法邀请当地商会会员，增加参会人数。

主题将决定研讨会的吸引力。如果受邀者都不怎么愿意参加，或许你应该琢磨一下，是不是研讨主题出了什么问题。没有人会出席与自己的生意无关的研讨会。

邮件列表（即目标邀请对象）也十分重要。最近，我筹办了一次研讨会，主题是“销售人员的七宗罪。”当时，我刚到该地区，附近的人都不认识我，我没有把握可以邀请多少人。我有五周的时间来发送邀请函。我首先确定研讨会将提供欧陆式早餐。接着，发送邀请函，邀请对象包括当地两个商会的全体会员，我所在扶轮社的全体成员及其他扶轮社中我认识的成员。我还请朋友们帮忙，邀请他们朋友中可能对这次研讨会感兴趣的人。我总共邀请了 400 人，有 117 人要求预留参会名额，最终参会人数是 87 人。对这一结果，我感到非常满意。筹办研讨会确实是个巨大的工程，而运用不同方式发布公告是成功的关键。我使用了海报、广告明信片、电子邮件和视频邮件（具体内容后文会详述），我还参加许多社交活动并派发研讨会“入场券”。研讨会前，我一一打电话确认，确保受邀者全部按计划出席（为确保出席率，要求每位参会者自带一件物品参加抽奖活动）。

利用这次研讨会，我成功开拓了“销售流程”咨询业务。通过研讨会反馈表，我获得了一批优质商机，所有潜在客户都同意安排面谈。

47. 推出新产品

推介新产品如何影响我的社交方式？

如果即将推出新产品，在参加任何社交活动前，我会准备一个 20 秒到 30 秒的产品推介，带上充足的产品宣传单，附上免费试用品。在活动现场与人交流时，我先认真倾听，了解对方，判断对方是否是新产品的目标客户，如果不是，我就尽快结束谈话，再与其他人攀谈。而且，我一定会要求目标客户给予承诺，同意试用新产品并提供反馈意见，因此我会记录客户的电话号码。在获得客户承诺的过程中，不仅介绍了产品情况，而且无形中为潜在客户安排了一个“待办事项”。

不要将产品强行推销给每个人。首先你需要认真聆听对方的每一句话，判断对方是否是新产品的目标客户。一次社交活动并不能决定新产品的成败，这次活动仅仅起到初步推介的作用，同时为下次推出其他产品奠定基础，帮助加深活动参加者对企业的印象。

准备在社交活动上进行产品推介前，确保满足以下三个条件：你对自己的产品或服务感到满意，你是所在行业的专家，你能够兑现对客户的承诺。如果缺少任何一个条件，产品不可能受欢迎；更严重的是，你将失去目标客户的信任。

一些活动现场可以提供产品展台。租用一个展台，与其他企业共用一个也可以。展台上可以进行产品测试或试用活动，一定要附上反馈表。发放试用品是一回事；收集用户反馈是另一回事。如果无法保证得到潜在用户的反馈意见，不要发放任何试用品。发放试用品前，收集用户的联系信息，包括姓名、电子邮件和电话号码等！

48. 产品测试

为什么社交活动是测试产品的最佳场所？

上一节我们提到在社交活动中租用展台，至少与其他企业共用一个展台或桌子。要达到推广产品或服务的目的，通过展台简单介绍产品是远远不够的。我参加过许多社交活动，见过几百个展台。每次经过一个展台，我都在思考，从企业或消费者的角度看，这个展台吸引我吗。最常见的展台布置包括产品介绍，可以放置名片参加抽奖的盘子（收集邮件列表），以及形形色色的小册子（通常我一回家就会把这些小册子丢掉）。如果充分利用，贸易展览会和活动展台是增加订单不可多得的好机会。当然，活动展台附近的人流量是一个重要影响因素。

首先，大多数展台负责人一直坐在桌子后面介绍产品。他们几乎一动不动。如果有人主动去了解产品信息，他们才会殷勤地进行介绍。如果你想吸引更多的目标客户，改善推广效果，你必须从桌子后面走出来，即使对方经过时只瞟了一眼展台，也应该主动进行介绍。

其次，多数展台只提供产品宣传单，客户领完宣传单后就走了，展台负责人没有机会进行更详细的介绍。如果可以增加一些互动活动，推广效果会更好，潜在客户也能成为真正的产品试用者。互动活动能增强产品的吸引力。

最后，如果你能成功吸引更多人来参观展台，领取产品宣传单或免费礼物，你将吸引更多“俘虏观众”，即对你的产品或服务真正感兴趣的潜在客户。

你会发现，只要吸引了一部分活动参加者的注意，感兴趣的人会不断涌来，希望了解产品情况。现在，活动参加者蜂拥而至，报名参加产品试用活动；如果产品给他们留下深刻的用户体验，就可能为你带来更多的业务。

49. 与报社建立关系

如何与报社建立良好关系，进一步拓展人脉？

在各种关系中，与报社建立关系可能是最困难的。通常，在报社中，不同部门分管的事务各不相同，包括广告、人物故事（人情味报道）、社论和时事新闻。与其中一个部门建立关系并不意味着另一个部门也信任你。我的一位客户即将推出一款新产品，产品将直接影响当地劳动力，因此他急需与当地报社建立良好关系。虽然多年以来他都在该报纸投放广告，但他与报社其他部门的人并没有什么联系。报道一事最终泡汤，因为报社只关注社会参与度高的企业，而他没有加入当地任何组织。

作为该报社的广告客户，他却不了解报社的关注焦点。

之后，我的客户加入了当地两个具有影响力的组织。他还打听到报社记者和其他员工参加的组织，随即加入这些组织。之后，他慢慢认识了许多报社员工，以后他希望发表新闻报道都没什么问题了。如果与报社员工没有私交和共同利益，就无法与报社建立关系。

报社的规模大小也会影响与报社的关系。加入报社员工所在的组织，更容易吸引报社的注意。上文中的例子说明，在报社是否关注企业方面，企业的社会参与度起着至关重要的作用。你还需要了解报纸常常报道什么样的故事，再看看自己有没有报道价值。

新闻报道能增加你的知名度。大部分人都会看地方报纸。读了关于你的新闻报道，就会在一定程度上认可你和你的企业。除了新闻报道之外，还有许多其他利用媒体的方式。宣布签订新合同、人事变动或推出新产品等各种消息时，可以采用不同的方式。

50. 新闻报道

新闻报道或人物故事（人情味报道）
如何帮你吸引更多潜在客户?

新闻报道是一门包罗万象的学问，远不止本书所提及的这些内容。新闻报道可以让一个普通商家蜕变成一个家喻户晓的企业。你需要发掘自己的独特之处，从竞争对手中脱颖而出。新闻报道需要介绍各个领域最新发展动态。记者都要写故事，为什么不能写你的故事呢？但是，你应该明白，他们不关心那些司空见惯的事情；他们需要的是与众不同的东西。你必须多读报纸，研究编辑或制作人的喜好，鉴别他们真正想要报道的内容。

为了吸引报社的关注，你需要先自己写新闻稿件。稿件应该篇幅短小，通常只有三段。第一段提供最重要的信息，如你的姓名，各类证书，业务专长和公司名称。任何值得分享的事都不能遗漏。

剩下的两个段落应该描写一些细节，但不要过于具体。故事的详细内容，应该留给记者采访报道。有的报社要求提供其他参考材料，如宣传资料袋。但要记住，除非报社提出相关要求，否则千万不要主动提供参考材料。宣传资料袋应该包括你撰写的新闻稿件、与你相关的其他报道、评论和文章以及证明你报道价值的其他材料。一定要记住，新闻报道成功的关键就在于你自己！

除了新闻报道，报纸还有很多其他版块可以用于发布公告，推广企业。你可以利用读者来信栏目，也可以在活动资讯栏目刊登公司活动信息，还可以发表其他有价值的文章，或者与报社合作，参与社会活动。除了报纸以外，还有许多其他公告刊登平台。公告内容也不仅限于产品推广，任何具有新闻价值的消息都可以发布。想想发布什么消息更引人注目……

51. 公布好消息

如何利用报纸发布各种好消息，如员工晋升或确立伙伴关系?

在报纸上刊登公告有助于进一步提升公司的知名度。一定要经常发布公司动态，如雇用新员工，签署新合同，公司迁址等各种值得公开宣布的信息。这样，其他企业同行就知道，你的公司正在蓬勃发展。不同公告可以分别刊登在活动资讯，商业资讯和专题报道栏目。为了达到广而告之的效果，必须挑选最适合刊登的栏目。你需要熟悉各个地方性报纸和全国性报纸，了解哪些报纸有像活动资讯这样适合发布公告的栏目。

公告不必自吹自擂；只需简单陈述事实，让潜在客户和现有客户了解你的企业动态。通过定期发布公告，可以为客户呈现一个蓬勃发展的企业。可以说，刊登公告几乎没有任何成本，只是撰写公告需要花费大量时间。而且，挑选适合的报纸栏目也需要时间。公告必须字斟句酌，力求准确传达信息，同时呼吁读者给予反馈。通过公告完成推广任务，就成功了一大半；但要实现最佳宣传效果，还要为读者提供发表评论或致电反馈的渠道。

有的媒体不常发布各种公告，向这些媒体进行“投稿轰炸”毫无意义。如果你反复投稿，提供报社不感兴趣的内容，惹恼了报社员工，他们会记住你的公司；等到有一天，即使你提供的内容与报社的兴趣一致，报社很可能也会选择视而不见。但是，我要强调的是，你要不断发布各种公告，选择适合不同公告的栏目时一定要有目的性。

通过报纸或其他媒体发布公告，提升你的知名度，这是一个良好的开端；但还有许多其他利用媒体的方法。报纸一直关注各种社会热点。将你的公告塑造成一个引人入胜的故事，突出你和公司的独特之处。

52. 人物故事（人情味报道）

一篇优秀的人情味报道是什么样的?

人情味报道就是常说的有趣的故事。也就是说，你想分享一个有趣的故事，而且是一个具有新闻价值的故事。问题是，其他人也想分享自己的故事。你的故事必须与众不同，引人注目。如果不经过任何雕琢加工，故事内容平淡无奇，读者看完就会丢进废纸篓里。那么，究竟怎样才能让你的故事变得有趣呢?

首先，了解媒体的需求。为增加销量，每个报刊杂志的关注点都不尽相同。根据各个刊物不同的需求，调整你的故事。每个刊物的目标读者也不尽相同；为了确保有效传达信息，应根据特定的目标读者量身定做你的公告。

其次，熟悉自己的故事，确保可以熟练地讲出来。不要胡编乱造，否则如果有人让你重讲一遍或者描述细节，你却不知道如何回答，情况将十分尴尬。

最后，故事内容应该描述你进行自我定位、聚焦核心业务的过程。应该突出企业的优势，展示你在企业发展中所发挥的作用。故事的切入点可以是你处理客户关系的独特方式赢得了客户的肯定，也可以是你发明的某项技术满足了细分市场的需求。将你的故事打造成具有阅读价值和新闻价值的报道。可供选择的故事主题十分多样，可以是与众不同的提案展示方式，也可以是帮助其他企业踏上成功之路的过程。

看了你的故事，会有人立即联系你，其他报刊杂志可能也想进一步采访你。面对其他报刊杂志的各种要求（要求你再写一篇新闻稿件，采访你，详述自己的故事等），你必须做好充分准备。你还会发现，在街上或者社交场合，大家都想进一步了解你。这难道不是递送名片（向你的目标客户）的最佳时机吗！

53. 拓展人脉

如何运用名片拓展关系网络？

参加社交活动时，你是否发现周围的人在疯狂地交换名片？我常常遇到这样的情况，有时候大家对交换名片几乎到了狂热的地步。我喜欢参加各种各样的社交活动，让大家熟悉我，了解我。我发现，对方想要我的名片，但他的目的与我的期望不同。他们想推介自己的业务，而不是听取我的推介。如果你遇到这种情况，交换名片时，注意多了解对方的情况，告诉对方你是谁，你可以提供什么服务。同时，确保在对方的名片背面记录他的相关信息。你需要询问他的企业痛点，并记录下来，思考如何利用自己的业务专长帮助他。而且，你还可以想想是否有适合推荐给他的商业机会。

记住，收集名片就是在扩展你的人脉数据库。将他们添加到你的联系人名单上，他们就能接收到你发送的公告等各种信息。一定要记住，你必须事先询问对方的意见，看他是否愿意接收这些信息。你会发现，经过面对面交谈和交换名片之后，几乎所有人都愿意加入你的联系人名单。只要你记住对方是谁，你们相识的场合，以及对方真正的企业痛点，不管对方属于哪个行业领域，他都是一个非常重要的联系人。我认为，不经筛选直接收集名片没有任何意义。记住，只收集有合作潜力的人的名片。

你的名片就像商店的前门，关系着你留下的第一印象；名片就是你的象征。你的名片必须设计精美，颜色赏心悦目，包含公司 LOGO 和重要的联系信息。名片不需要涵盖你所有的业务信息，达到自我介绍的目的即可。在日本，交换名片可以称得上是一个仪式，没有人敢掉以轻心；你也应该如此。你永远不知道你会遇到多么重要的人，你的名片需要正规印刷，不能自制，因为名片反映了你的专业程度！如果对方认为你是合适人选，而且对你印象不错，人们会更愿意与你合作；选择赞助商时，没有人会选择一个看上去不修边幅的人。

54. 赞助

如何通过赞助活动来扩展自己的社交网络？

如何利用赞助提升你在商界的知名度，获得有价值的人脉关系？实际上这很简单：挑选你的目标客户感兴趣的活动。了解以下信息可以帮助你建立重要的商业关系：

◎ 你想和谁做生意（即你的目标客户）；

◎ 他们喜欢哪些运动；

◎ 他们喜欢哪些社区活动；

◎ 目标客户公司管理层的家庭住址和他们的社区参与度。

你应该赞助他们关注的活动。例如，如果你的目标客户是普莱森顿（Pleasanton）的商界人士，你会发现，那里大部分高管是扶轮社的成员，扶轮社经常举办各种各样的社区活动，他们一直在寻找赞助商。你应该主动出击，要么加入扶轮社（你需要获得一位现有成员邀请），要么研究如何获得扶轮社各个活动的赞助权。

成为活动赞助商后，你会发现，其他成员更愿意与你交谈，为你的企业提供支持与帮助，推动企业在当地的发展。所有的服务机构和社区组织都在寻找赞助商，你的目标就是赞助能够提升你在目标客户群中知名度的组织。一定要让当地商界的核心人物注意到你，告诉他们你愿意参与公益筹款活动。

无论你是否相信，只要运用得当，金钱确实是万能的。你不应该赞助你不认同的东西！只赞助和帮助那些和你有相同理念和共同利益的人。只看虚名而不为“实事”，这样的赞助毫无意义。除了赞助以外，各个组织也需要直接捐赠。

本章末尾的问题列表将帮助你成功完成赞助目标。

55. 捐赠

捐赠与赞助有何不同？对你而言有什么好处？

捐款不同于赞助；成为赞助商，你可能获得某活动的冠名权，而进行捐赠，你将被列入捐赠者名单中。为提高企业知名度，冠名赞助活动并不是唯一的选择；你也可以直接进行捐赠，被列入捐赠者名单。你会发现，捐赠者名单按捐赠额分类。捐赠的形式包括现金捐赠、物质捐赠、或免费提供商品或服务。

例如，一个社区服务俱乐部将举办一场募捐，既需要大家捐赠各种物品进行无声拍卖，也需要现金捐赠支付该活动的花费。了解具体情况后，你能够做出最恰当的选择——赞助或者捐赠。现金捐赠当然很受欢迎，但捐赠物品可能会带来更多关注。如果所捐物品既独特又抢手，拍卖会上投标者将争先恐后参与投标。

你可以捐赠一个重量级物品，进行现场拍卖；你也可以选择无声拍卖，将捐赠品摆在展台上，附上赠品简介供大家阅读了解。你也可以捐赠门奖（在娱乐场所大门口散发的得奖奖券所得的奖品），因为参加者都十分关注门奖。我认识一位女士，她经常向各个慈善活动捐赠物品，她在商界非常有名，因为她积极参与各种活动，主动捐赠大量物品。她销售各种美妆工具，每个人都了解她的业务和产品。如果你需要相关产品，你很可能会联系她，事实证明捐赠确实有效！

如果你希望合作的企业参加的社区活动正是你的捐赠对象，你与该企业之间自然有了一个共同的纽带。这样，你们会有共同话题，也有助于建设更好的商业关系。

也就是说，所有活动参加者很可能都愿意为你的企业提供帮助。

本章结尾的问题列表将为你介绍捐赠流程。

56. 寻求帮助

为什么要寻求别人的帮助？你从中能得到什么？

寻求帮助与建立业务关系、使用通知公告之间有联系吗？当然，而且有着千丝万缕的联系。假如你已经使用了通知公告，进行了捐赠，大家也了解了你和你的核心业务。那么，可能现在获得的生意机会已经超出了你的能力范围；或者，还有一种更可怕的情况——提升业务量的效果并不显著。这时，你应该向潜在客户寻求帮助，希望他们抽出时间帮你解决问题。

在请求帮助前，你必须确定对方有能力帮助你解决这个问题。例如，你打电话给一个目标企业，详述你目前遇到的难题，而且这一难题正是对方曾经妥善处理过的状况，表示希望对方能给予帮助。这样，你提出安排会见后，对方肯定会答应。

不要犹豫或迟疑，告诉对方你了解他的业务专长，希望对方能给予相关意见或帮助。这既会给对方留下深刻的印象，又肯定了对方，增强了其成就感。这是建立牢固商业关系的良好基础。同时，应该注意避免寻求帮助的消极影响：永远不要表现得过于迫切。如果单方面表现得过于需要帮助，双方将难以维系长期关系。此外，你会发现，社区有一些为企业提供支持的组织，如 TEC（决策者委员会）、CEO 联盟；这样既能解决问题，又能扩充人脉的方式非常值得考虑。加入一个智囊团组织是与人合作、共同解决业务问题的有效方式。

作为项目合作伙伴候选人之一，如果你能得到无利害关系的人的推荐，这无疑是有利的。如果你能与现有业务伙伴保持互助互利的友好关系，业务伙伴更愿意信任你，并为你提供业务推荐。要知道，你一直在参加一场业务大竞赛。

57. 大竞赛

在建立关系方面，大竞赛指什么？

大竞赛比的是不断赢取订单的能力。你需要完善推介内容，陈述时确保清晰准确，然后不断地跟进。如果无法做到这些，你将节节败退。要想保持绝对领先地位，你需要密切关注你的竞争对手，了解对方的优势和劣势。你的机会就在于利用对方的弱点并学习对方的长处。并不是要求你必须在对手的优势方面超越他，但至少与对方水平持平。但是，在对手的劣势方面，你必须保持绝对领先地位。

换句话说，在这场大竞赛中，确保你的故事更有趣，了解竞争对手的故事，进而利用其弱点，熟知其长处。比赛结果没有平局，非输即赢，胜利的天平只会倾向一方；你需要保证天平一直向你倾斜，但绝对不能攻击你的竞争对手。

“拼爹”并不适用于当前的经济环境。请记住，你永远无法逃脱各种竞争；所以，必须采用战略目光，依靠自己的力量，尽量在赛道上的每一个转弯处赶超对手。你必须穿更好的跑鞋，获得竞争优势，争取超常发挥。利用自己的长处，克服自己的不足。

没有认真的态度，便无法在大竞赛中获胜。你对客户的态度将决定你的成败。与态度同样重要的还有你的心态。如果一直担心比赛结果，便无法发挥自己的最佳水平。所以，你应该紧盯目标，勇往直前。你还要告诉客户，你是种子选手，获胜的几率很大。你必须让他们随时了解比赛情况。广告明信片就是保持沟通的一个简单方法。

58. 广告明信片

广告明信片将成为你的优势吗?

给邮件列表里的所有联系人发送广告明信片可以引起关注。对于客户来说，一方面，这是一件好事；另一方面，这又很烦人。这也叫作垃圾邮件，很多人根本不会看。但是，如果适当调整明信片内容，很可能你就会被注意到。现在，越来越多的组织通过电子邮件和社交媒体进行日常沟通，电子广告明信片也因此受到更多关注。广告明信片创造的业务量将超出你的想象，因为只需一份出众的广告明信片，就能同时吸引所有邮件联系人。

那么，如何充分发挥广告明信片的作用?

首先，列出潜在客户名单，也就是你的发送对象。不要发送给没有合作潜力的人或企业；这样只会浪费金钱。

其次，选定发送对象之后（对目标客户进行精准定位是一个漫长的过程），你需要创建消息。你希望通过广告明信片达到什么目的?

有些企业想通过寄广告明信片推销产品或服务。这种想法没有错，但往往只能促成一次性交易，无法建立长久的合作关系。

最后，最好每隔一段时间寄一张明信片，确保将信息准确传达给潜在客户。第一张明信片用于战略介绍，再通过之后的广告明信片安排跟进。通常，经过七次联系才能确定交易。考虑一下，除了广告明信片策略，还可以增加哪些沟通方式。

请记住，发送广告明信片的目的是增加企业知名度。如果一个企业需要你的服务，而你定期发送广告明信片及其他邮件，他们可能会主动联系你。增加企业知名度是广告明信片策略的附加好处之一。

59. 传单

传单将为你带来什么好处?

传单与广告明信片最大的区别在于传单可以将产品促销信息传达给消费者。西夫韦（Safeway）、好市多（Costco）、艾伯森（Albertsons）等连锁零售商都十分擅长运用传单。很多消费者经常了解特价促销，争先恐后购买特价商品，可能是因为需要，或者只是图便宜囤货。传单真的起到了“广而告之”的效果吗？当然，否则各个企业不会纷纷使用传单。如果你的产品不像日用百货一样需求庞大，那么，多页传单可能不适合你，你应该坚持使用广告明信片或单页传单，宣传效果会更明显。

你也可以加入优惠券手册公司的传单计划。与其他企业联合投放优惠券，往往比“单打独斗”获得的阅读量更高。多数城市都有许多不错的优惠券公司；你首先应该考虑加入各大黄页，商会会员名录和其他企业名录。如果企业目标客户不是普通消费者，而是其他企业，那么通过商会简报进行宣传效果更好。你应该提前了解商会简报的订阅者：是仅限于商会会员，还是包括同一邮编区的所有企业？商会会员企业一定会查看简报中的所有传单。相同的材料，由商会寄出，很可能比普通邮寄的宣传效果更好，获得的回复率更高。

在社区宣传栏张贴传单也可以引起广泛关注。张贴材料应该包含呼吁性语言，促使客户采取行动，以监控你的回复率。

利用传单的方式数不胜数，由于篇幅有限，我们只讨论了其中几种。不管采用哪种方式，一定要保证传单的专业性，无论是外观设计，还是印刷。最大的成本应该放在传单设计上。找一个专业设计师，又快又好地完成设计任务。这不是应该省钱的地方。印刷并不算贵，虽然需要花钱，但与自己制作相比，专业印刷宣传效果更好。请记住，传单展现的是你的形象；你需要一直保持良好的形象！

60. 经验教训

拓展人脉的最佳途径是什么?

我们介绍了多种利用媒体宣传企业的方式。最后，你必须找到最适合自己的方式。可能上文提到的所有方式都适合你，也可能只有几个方式适合你；但是，不管选择什么方式，向潜在客户传达的信息一定要准确清晰。另外，与任何企业合作前，一定要确保双方有建立良好关系的潜力。一个短期项目合作远远不够，发展长期稳定的合作关系才是你的目标。良好的业务关系可以帮助你聚焦核心业务，同时有助于现有客户和潜在客户了解你的专注。

公关宣传预算金额由你全权决定。但是，确定预算金额之后，一定要精密计划、合理分配，否则你的“辛苦钱”就全部打水漂了。我的建议是，综合利用上文提到的所有方式，但不同阶段采取不同方式；选择时一定要量力而行，尤其是像赞助这样花费巨大的方式，只有在自己经济能力范围内的宣传方式才能真正发挥作用。宣传的重点在于参与社区活动，并保持参与的状态；不断参与，就能获得回报。久而久之，你参加社区活动时，其他人都认识你，也愿意与你交流。这是一个互惠互利的过程，有助于建立良好稳定的业务关系；你要向对方介绍自己，赢得对方的信赖。

此外，你还需要专业公关的帮助，把你的经营理念转化为新闻。挑选公关时，可以参考咨询公司的意见，也可以查询黄页广告和网络企业名录。但是，在雇用某位公关前，一定要做好功课，了解他的相关工作经验。这样，合作效果才不会让你失望。

之前，我下定决心自己学习公关知识。当时有一位十分出色的公关辅佐我，我自己也决定了解一些公关技巧。

一定要记住

1．想增加业务量？快筹办研讨会！——获得更多订单是所有人的共同目标；举办一个研讨会，在研讨会当天，在拓展人脉的同时，你还可以练习跟进技巧。筹办研讨会确实耗时耗力，但回报十分可观。

2．推出新产品——完善你的新产品推介，附赠免费样品，在社交活动上进行推广。人们热衷于抢先了解各种最新产品，充满好奇心的潜在客户一定会纷纷涌来。

3．产品测试——利用社交活动上的展位将有效扩大产品试用的影响力。展台摆设和周围人流量是决定对客户的吸引力的重要因素。

4．与报社建立关系——多参与社区活动，让大家了解你的付出，你将受到媒体的关注。与媒体建立关系并不简单，你必须了解媒体的关注重点，想方设法帮助他们实现工作目标。

5．新闻报道——新闻稿要简明扼要，首先提供各类资格证明、证书，然后简要概述新闻，最后适当描写细节，详细内容留给媒体来挖掘。新闻稿有助于吸引潜在客户的注意。

6．公布好消息——好消息涵盖方方面面，可以是雇用新员工，也可以是公司迁址。你还可以宣布新合同的签订，这样，签署合同双方都可以得到宣传。发布的公告数量越多，公司的知名度就越高。

7．人物故事（人情味报道）——人人都喜欢故事，媒体尤其如此。如果你的故事能够激发读者的感情，媒体很可能会报道它。不需花费一分一厘，只需提供故事素材，你就能成为报道的主角。你和公司的知名度也会进一步提升。

8．拓展人脉——名片就是你的“公告卡片”，是在社交场合吸引他人注意的筹码。挑选适合的人，递送你的名片。互换名片至关重要，不应该掉以轻心。

9．赞助——如果你需要一个组织的密切关注，赞助一个组织活动。你将迅速与该组织所有成员建立联系，他们会希望进一步了解你。只赞助与你志同道合的组织。如果你不认同组织的活动，千万不要勉强赞助——这将阻碍你实现自己的目标。

10．捐赠——捐赠不同于赞助。捐赠是指向一个组织捐献物品或金钱，推动组织事业发展。捐赠带来的知名度比不上赞助。但组织成员仍然会十分感谢，希望进一步了解你（特别是在他们希望募集更多捐款的情况下）。

11．寻求帮助——很多人都认为，寻求帮助很困难。与寻求某个人的帮助相比，加入智囊团组织或参加圆桌会议相对容易一些。每个人都需要这样那样的指导，所以更应该主动寻求帮助，你不仅不会失去什么，还可以拓展自己的人脉关系。

12．大竞赛——我们都在参加一场业务大竞赛。赢要赢得光明磊落，你应该发挥自己的最佳状态，展现自己的优势。攻击你的竞争对手并不光彩，只会引发大规模的谩骂攻击。多花些时间发展你的长处。

13．广告明信片——这是向目标客户推广企业品牌的一种绝佳方式。不断发送邮件将获得更多关注，如果与其他沟通方式结合在一起，效果更为明显。

14．传单——传单的推广效果十分明显；大型连锁企业经常运用传单，而且十分有效，传单也同样适用于你。将传单张贴在社区宣传栏，可以引起广泛关注，同时呼吁目标客户采取行动（如免费赠送样品）。纸质宣传材料的推广效果毫不逊色于电子广告。

15．经验教训——搭配使用各种不同方式，选择适合自己的方式组合，有效利用媒体。良好的业务关系象征着巨大的长远利益，所以一定要保持对每段合作关系都百分百投入，塑造认真负责的形象。对所有企业来说，公共关系都至关重要。

问题列表

赞助活动

活动名称

____

地点：______________________________

日期和时间：______________________________

目标群体：

____

____

总成本：

____

____

潜在宣传效果：

____

____

潜在业务：

____

____

其他评论：

____

____

____

____

捐赠

活动名称：________________________________

活动类型：________________________________

地点：____________________________________

日期和时间：______________________________

目标群体：

____

____

捐赠总成本：

____

____

潜在宣传效果：

潜在业务：

其他评论：

第5章 演 讲

据说，99%的人认为，公开演讲堪称世界上最恐怖的事，甚至比死亡更令人恐惧。幸运的是，对演讲的恐惧并不是无法克服的。

越精通于自己的业务专长，谈论起相关内容越从容自如。只要围绕自己的专长展开演讲，讨论如何利用自己的专长帮助他人，对演说的恐惧感就会自然消失。当然，你必须列好讲话提纲，并且反复练习。练习的重要性怎么强调都不为过；每一次推介、展示和演讲的成功都离不开练习。

放弃演讲，就会错过许多潜在客户。通过演讲，你可以同时与大量观众沟通交流。演讲不一定要和观众面对面接触，也可以组织网络会议，你独自一人在办公室发表演讲，其他人通过网络平台观看。演讲的目标是树立自己行业专家的地位。

演讲就是机会，你可以免费提供意见与建议，推广产品或服务，发布公告（例如推出新书或新业务）。

本章将带你探讨演讲中蕴藏的潜在机遇。演讲是扩展社交网络，建立人脉数据库的捷径。

61. 定位专业领域

发展演讲事业前，为什么需要定位专业领域？

要想成为专业演说家，你要做的第一件事就是鉴别属于自己的演讲领域。数不胜数的演讲者之所以渐渐步入平庸，是因为他们声称自己可以就任何话题进行演说，“直接告诉我你想了解什么吧！”当然，我并不赞成每次演讲都重复同一个话题，但我认为应该选择一个属于自己的演讲领域。你永远无法成为一个无所不能的人。

有一天，我认识了一位顾问，他告诉我，他从事应用集成业务，还服务一些大客户。我问，“你主要负责什么工作呢？”他解释说，他只需要与主要供应商合作，集成整合各种系统。令我失望的是，他接着补充道：“此外，我还从事培训行业【这还不是什么大问题】，我还是一名企业管理顾问，在企业流程和整合方面为管理层提供咨询服务。”接下来，不管我提到什么，他都回答：“这个领域的工作，我也做。”他的回答让我感到十分困惑。我猛然意识到他根本没有任何业务专长，迅速结束了谈话。

你会发现，定位并聚焦于自己的专长，你会更加成功！你可以拓展自己的业务，但是，一旦开始演讲，你就是所在领域的行业专家，不能像个变色龙一样，每发现一个新的商机就改变颜色迎合它。

聚焦于自己的专长，做自己最擅长的事，成功自然会到来。准备演讲时，首先挑选演讲主题，主题不宜过于宽泛。所有的支撑材料都应该突出你的专长，即使演讲仅面向特定听众也应如此。

只要明确定位自己的专长，就能轻而易举获得订单。大家都认为你是所在领域的行业专家，遇到相关问题就会向你请教。成为行业专家，了解自己的业务专长，是开拓（所在行业领域内）演讲事业的第一步。此外，你必须了解你的观众，了解他们来听你演讲的需求。

62. 观众的利益

你能为观众带来什么好处?

大家听你演讲无外乎是因为认为演讲内容十分有意义，有助于改善业务或个人生活。除此之外，没有其他原因了。当然，有些观众只是纯粹出于兴趣，但是这种兴趣也是基于商业利益或个人利益的。演讲中必须包括简单易行的建议。即使你从未亲自实践，观众也会认为这些建议是行之有效的经验之谈。为什么会这样？例如，大学教授在课堂上详细讲解了所谓的最新业务流程管理方法。学习了这一课，学生就会认为自己有能力成功完成业务流程管理工作。然而，事实是，教授从来没有亲自实践过这些管理方法，但有人会选择尝试，因为他们信任专家的建议。

你必须确定一定以及肯定，观众会有所收获。否则，不仅浪费了大家的时间，更浪费了你自己的时间！

观众听你演讲的原因只有一个：你能够提供解决方法，有效解决一些市场问题。你需要确保你的话题适应当今的商业环境，具有强大的吸引力。只要充分了解市场情况，演讲现场一定座无虚席，所有观众都会聚精会神，认真聆听。一定要记住，观众会认真聆听演讲内容，所以演讲一定要提供一个简单易行的方法，帮助观众解决问题。不要胡编乱造，否则将会断送你的演讲生涯。如果你坚持胡编乱造，记得给自己买份保险；这样，被起诉的时候，至少有保险可以保护你。

不要想当然地挑选话题，一定要多做功课，选一个有价值的话题。例如，几个月前，我在旧金山地区组织了一场免费早餐会。考虑到当前经济衰退的社会现实，我选择了“销售的七宗罪”作为会议主题，邀请伊恩·塞尔比（Ian Selbie）担任演讲者。我通知了所有我认识的当地人（只有几百人），后来报名参加的有117人。这次会议十分成功。因为选择了适当的话题，所有参加者都有所收获。

63. 主题的价值

哪些内容能够立即帮助观众解决问题？观众能收获什么？

你能在30秒以内向观众介绍你的专长并提供三条简单有效的建议吗？估计你肯定做不到。但是，如果无法证明演讲话题的价值，就不可能激发现场的热烈反应，也不可能获得观众的认可。只有自我肯定还不够，话题的价值一定要得到观众的认可。演讲前，你需要做一些市场调研，简单询问目标观众的意见也可以。

提前确定所选主题能够帮助观众解决问题，而且听完演讲后会感觉有所收获。遵照下面三个简单步骤，筛选出观众感兴趣的主题。

首先，选一个熟悉的主题。所选主题应该突出你的专长。

其次，列出几个演讲提纲，听听朋友和当地商界人士的意见，了解他们是否感兴趣。请他们按照感兴趣的程度将几个提纲进行排序。

最后，将演讲题目通过电子邮件发送给所有联系人，听取他们的评价和建议。按照这些步骤进行准备，定能为观众奉上一个精彩的演讲。

在斥巨资进行活动宣传之前，你应该进行详细的调查研究，这样才能深入了解市场需求。利用 surveymonkey.com 等调查服务机构进行市场调查，不仅花费不高，而且调查结果十分具有参考价值。一定要仔细分析调查结果。忽视调查结果，完全遵循自己的喜好挑选演讲主题，不但无法引起观众的兴趣，而且还会浪费你自己的时间和精力。观众只关心自己的切身利益；如果没有相关内容，他们决不会浪费精力听你演讲。

64. 从演讲到增加订单

如何利用演讲拓展人脉?

发展演讲事业的目的是拓展人脉网络，挖掘潜在客户。演讲本身只是增加订单的方式之一。演讲结束时分发反馈表，你将打开更多潜在客户的大门。你需要了解观众的意见，包括演讲效果如何，挑选的材料是否切题，以及观众是否希望深入了解更多相关内容。

一定要索要证明书、推荐信，这将有助于提升企业推广效果，推动演讲事业发展。根据反馈表信息进行电话跟进时，对方会十分愿意回答相关问题。对方听过你的专业演讲，了解你的专长，很可能希望与你建立合作关系。在我看来，一次演讲相当于同时完成 100 多个推销电话。你的联系人列表将不断扩充，你会获得更多演讲机会。几个月后，增加的订单量一定不是个小数目。

观众人数多少并不重要。重要的是演讲内容和口碑评价。刚起步时，可以利用志愿者组织这个演讲平台；这类组织需要大量演讲者。但是，一定要注意，不要把演讲变成推销广告。一味推销的话，该组织其他分支会将你拒之门外，这就意味着失去众多演讲机会；而且，组织成员也不会愿意与你做生意。不管如何演讲，一定要保存一份观众名单，便于后续跟进。

经过几次成功的演讲后，你的联系人人数会迅速增长。一定要认真管理联系人列表：获得每个人的许可，把他们加入邮件联系人列表，便于发送活动通知。这个过程十分漫长，但最终大家会认识到，你并不是台贩卖机，而是一个正直、专业、值得信赖的人。

65. 成为专业演讲者

演讲事业取得成功的五个秘诀是什么？

演讲事业不可能一夜之间成功，成功源于一点一滴的积累。现在，你是演讲界的无名小卒，即使拥有观众感兴趣的专业知识，也需要树立自己专业演讲者的声誉。

首先，只要有人想听，抓住每一次演讲机会。

其次，你需要询问观众的意见，了解观众喜欢的地方和有待改进的地方。认真听取观众的意见，进行必要的调整，一定会有所回报！

第三，一定要明白，所有的反馈都是对事不对人；反馈意见是推进演讲事业更上一层楼的工具。你的演讲仅仅是一个产品，你的工作就是完善这个产品。反馈有助于不断改进工作中的不足。

第四，以具有建设性的反馈意见为基础，改善你的演讲。面对相互矛盾的意见时，做出正确的判断。

最后，每次演讲都应该录像，至少要录音。你需要检查所说的每一句话，讲故事的话也要检查。这可以帮助你进一步改进不足。独自练习时也可以录像，但重要的是了解观众的反应。

刚开始时，定位目标观众并不容易。可能是由于缺乏相关经验，导致无法精准定位。一开始，你应该专注于收集具有建设性的反馈意见，当你能够采纳反馈意见，改进演讲中的不足，不断调整演讲时，你已经做好充分准备，进一步定位目标观众轻而易举。

66. 定位目标观众

为什么需要鉴别目标观众？

定位目标观众将为你带来巨大的订单量。来自不同背景、不同行业的人可能都对你的演讲话题感兴趣，但如果观众群体各方面差异过大，就无法达成最佳推广效果。鉴别你心目中的最佳观众。你应该了解最适合自己的目标垂直市场或目标行业。

与全面撒网相比，聚焦最佳观众带来的收益更多。口碑评价极其重要，仅聚焦于一个市场，口碑传播将更加迅速。

面对的行业越多，口碑传播速度越慢。因为行业过多必然会带来各种变数和偏差，导致无法有效发挥演讲的作用。举个例子，假如你的业务主要集中于销售流程培训课程。来自各行各业的每个公司都需要学习相关流程和技巧。结束第一次演说后，你将获得大量潜在商机。问题是，你需要一一进行跟进；一下子面对这么多来自不同领域的业务引荐，将所有潜在业务机会转化为真正的订单十分困难。如果仅聚焦于一个行业，不仅能够实现有效跟进，而且能够保证口碑迅速传播。

聚焦目标观众，你的目标观众自然会帮你宣传推广。其实，一个行业就是一个小圈子，只要业内双方不是竞争关系，就会为对方推荐各方面信息。关键在于创造一个连接目标观众的共同纽带，充分利用并累积这一纽带的价值。

67. 从出版说起

为什么写作可以帮助你获得关注，扩充人脉？

某种程度上来说，撰写文章、专栏、回复及写书可以彰显一个人的专业性。写文章和专栏并不困难，但写一本书确实需要耗费大量精力。

如果一本书的作者署名为你的姓名，你的专业性便毋庸置疑。毕竟你能写出 300 页内容介绍自己的专业领域，其中还包括许多实际工作案例。毫无疑问，写书有助于改善陌生拜访电话的销售效果，吸引更多观众听你演讲。只要大家认为你是行业专家，成功销售不再是个难题。拜访客户（或潜在客户）时，或者演讲时，你的书就是你的谈资。

演讲时，书中与主题相关的信息、图表信手拈来。观众自然更信服你说的话，也更愿意与你安排会见，探讨业务合作。在推销你的书的同时，这些书将吸引大量观众主动购买你的服务或你所在公司的服务。

试着回想你听过的所有演讲，特别是对你影响深远的那些演讲。这些演讲者大部分都出版过书籍。最近，我听了杰克·坎菲尔德的一个演讲，非常喜欢，立即买了他的书《心灵鸡汤》。

顺便说一句，杰克·坎菲尔德是个鼓舞人心的人，他的演讲非常出色。他告诉你，运气是拼搏和坚持的结果！他在自己的领域是真正的专家。而且，他的演讲信息丰富，知识性强。

写一本书并不难，只是耗时很长。想了解更多有关写作和出版书籍的信息，请参考“作者成功指南”（Authors Success Guild，http://www.authorssuccessguild.com/）。

68. 信息型演讲

观众人数少的时候，为什么要选择信息型演讲?

观众人数少时，信息型演讲帮助你与观众建立更亲密的关系。你可以更深入地了解观众的需求与反馈。确保演讲内容的价值不仅获得自我肯定，而且也得到观众的认可。如果你的演讲内容正是观众所需要的，他们就会用心聆听，而不只是当做应酬。如果演讲与观众的需求并不相关，尽量提到他们想要了解的内容。让观众认识到话题的重要性。推荐几本值得一读的书，在演讲中介绍一些改进工作或改善家庭生活的方法。确保演讲内容是有价值的。

信息型演讲不同于电视购物节目，它的重点不是推销。演讲的目的是向观众介绍一个有价值的话题，提供可以立即应用的知识。只要达成了这一目的，赢取订单就易如反掌。

我听过很多不错的演讲，这些演讲令人印象深刻，但是，令我反感的是，在演讲即将结束时，演讲者通常开启全面推销模式。事实上，在信息型演讲中，一个成功的演讲者绝不会直接推销；可以选择在演讲结束后的提问环节，回答问题时告诉观众，如果希望了解更多详细内容，不妨购买哪些书。

信息型演讲中应该包含支撑材料，这样更易于观众理解。由于害怕花费时间或金钱，许多演讲者不愿提供免费讲义。但是，一定要为观众提供一张纸，便于记录重要信息供以后参考。时刻做好充分准备，提供适量免费信息是必要的。

69. 提供免费信息

什么时候应该提供免费信息，什么时候应该收费呢？

经常有人会问：什么情况下提供信息应该收费？这个问题没有简单的答案，因为的确要视情况而定。如果演讲对象是一个非营利性组织，你应该提供无偿服务。我认为，与非营利性组织免费分享专业知识是应该的。但是，如果营利性组织同样要求免费服务，我会自行斟酌，视情况而定。

从“非营利性组织”这个名称不难看出，尽管这些组织确实有一些专项资金，他们仍然需要免费服务。当然，应该通过正规渠道提供免费信息。你应该与该组织董事会进行讨论，了解对方的需求，提供相应的服务。

请记住，非营利性组织中的工作人员也拥有其他工作，可能需要你的服务，或邀请你担任其他活动的演讲者。提供免费信息时，要记住一条黄金法则：不要过早抛出底牌。否则，该组织内人员所工作的商业机构邀请你时，你就没有什么可分享的了。

确定所提供的免费信息量时，应该谨慎斟酌，既要确保能够促进组织发展，又要提防贪得无厌地索要更多帮助，甚至损害你的利益的组织。超出一定范围的附加信息，就是你可以收费的部分。

提供免费信息和被剥削利用之间有着微妙的差别。面对被剥削利用的情况，你自己一定会有所察觉，这些组织肯定会给你留下不好的印象。类似的经验肯定是少数，大多数组织并不会无端剥削演讲者。提供免费信息，并确保你提供的信息能够发挥预期作用。

70. 需要演讲者的组织

如何寻找需要免费演讲者的组织？

发现需要演讲者的组织并不困难。我发现，许多服务组织都会邀请演讲者在组织例会上进行演讲。我加入扶轮社已经有近 23 年。所有的扶轮社分支几乎每周都会邀请演讲者。世界各地共有成千上万个扶轮社。最重要的一点是，尤其是对于扶轮社来说，一定要选择成员感兴趣的话题，而且，不能推销你的服务。很多出色的演讲者之所以没有被推荐到其他分社，就是因为他们试图推销自己的其他演讲或培训课程。你可以在演讲结束后，向感兴趣的人推荐你的书。

我发现，许多其他组织，包括国际狮子会（Lions）、基瓦尼俱乐部（Kiwanis）、教堂、家长教师联谊会等，都需要出色的演讲者，但对各种推销十分反感。你要记住，你的目标不是推销产品，而是成为众所周知的演讲家。如果你的演讲得到了一个组织的喜爱，这个组织可能会将你推荐给其他感兴趣的组织。

还有一个蕴藏着丰富演讲机会的地方，就是商会。在北美地区，几乎每个乡镇都有商会。你需要了解获得演讲机会的基本程序。但记住一点，大多数商会喜欢新鲜的话题和内容。而且，你通常需要利用自己的社交网络，才能找到需要演讲者的组织。

关于对演讲嘉宾的要求，有的组织要求不多，有的组织要求严苛。要求严苛的组织会先深入了解演讲者的业务专长、演讲主题以及演讲主题与会员的匹配度。按一般惯例，你需要提供演讲话题的详情说明，介绍演讲为观众带来的价值。

71. 演讲嘉宾名单

如何让你的名字出现在演讲嘉宾名单上？

通常，演讲嘉宾需要拥有丰富的演讲经验。组织常常需要了解你的演讲经历，希望你能提供其他组织（你曾经演讲过的组织）的推荐信。刚刚起步时，你可能没有推荐人，但你必须发掘自己与演讲有关的经历。你可以解释说，虽然你目前没有演讲经验，但你曾经做过专业领域的培训。这样，在没有经验丰富的演讲者的情况下，你可能会得到填补空缺的机会。但是，你的话题必须与组织的价值观保持一致；否则，成为演讲嘉宾的可能性也不大。

我发现，演讲嘉宾名单有种高高在上的神圣感，横冲直撞闯入名单十分困难。想解决这个问题，我们可以另辟蹊径，自费筹办一些小规模的研讨会。这样，你不仅能够获得实践机会，而且观众也可以为你推荐其他演讲机会。

积累演讲经验的方式多种多样，但要记住重要的一点，推荐信就是敲门砖，会留下一个好印象，为你带来演讲机会，让你的名字出现在演讲嘉宾名单上。被拒绝也不要放弃。制定成长计划，达到标准后再继续尝试。

演讲协会都有一份名单，包括一些长期需要演讲者的团体和组织名称。沃尔特斯国际演讲局（Walters International Speakers Bureau）就是其中一个代表。了解更多详细信息，请访问 www.walters-intl.com。

即便你是组织成员，也不一定能成为受邀演讲嘉宾。我多次遇到这种状况，但通过积累经验，我成功达到了成为演讲嘉宾的要求，我的名字最终出现在组织其他分支的演讲嘉宾名单上。

72. 利用你的“小圈子”

你知道，有多少人知道你演讲者的身份吗?

有句名言说，“重要的不是你认识谁，而是谁认识你。”在邀请演讲者方面，这句话千真万确。看一看，你认识的人，你的公司同事，你合作过的客户。他们知道你是一个演讲者吗？他们知道你演讲的目的是为了促进自身成长和业务发展吗？如果他们不知道，你应该告诉他们。因为这是构建社交网络、建立业务关系的重要组成部分。你需要确保，即使没有业务往来，对方也会记住你。将对方纳入你的“小圈子”。你的“小圈子”里的每个人都有自己的另外一个小圈子，他们可以告诉他们的熟人和朋友。

还记得许多年前的那个洗发水广告吗？“告诉你的两位朋友，两位朋友分别告诉自己的两位朋友，一传十，十传百……”广告画面显示，一张张嘴不断地递进增加。这个广告不仅让你印象深刻，也鼓励你加入产品传播的过程。

你需要利用你的“小圈子”。列出你认识的所有人的名单（总数很可能会超过100人），然后制定计划，告诉每一个人你正在演讲以及你演讲的目的。鼓励他们把这个消息告诉身边所有的朋友；就像洗发水广告中一样，他们只需要告诉两个人，这两个人再告诉自己身边的两个人。你专业演说者的声誉会迅速蔓延。

看起来工作量很大？确实需要花费大量精力，你必须不断与人交流。排队的时候，在电梯上，参加活动或任何应酬时，你都要与遇到的人分享你的演讲事业。不要强迫对方了解你，先问对方是做什么的，对方自然会询问你的职业。交谈顺利的话，可以将他们添加到你的联系人列表。

你可能早就听说过“六度分离理论”，你和任何一个陌生人之间所间隔的人不会超过六个。我确信这一理论的真实性，因为我经常搬家，在许多不同国家，我遇见的人常常认识我以前或现在的朋友。刚到某个国家时，我遇到一个人，他的父亲是我母亲的高中校友。你可以利用你的“小圈子”创造良好的声誉，再通过网站进一步巩固声誉。

73. 网站推广

为什么要利用网站推进你的演讲事业？

现在，大多数人认为，网络为我们提供了大量信息，甚至包括许多无用信息。每个企业都应该有自己的网站，哪怕只显示企业业务和地址。如果在网上销售巧克力，炎炎夏日将巧克力运到遥远的地方当然不现实，但通过网站，你可以标明公司地址，展示特色商品。

最近，我认识了一个即将结婚的人。在订购婚礼蛋糕、寻找婚礼歌手时，他通过网络进行搜索，查找满足需求的本地商家。他发现，全市 20 个蛋糕店中只有一家有网站。他甚至可以直接在网上选择蛋糕装饰。整个购买蛋糕的过程十分方便。他还以同样的方式找到了一位婚礼歌手。

不管你从事什么行业，网站都是你的电子宣传册和网络名片。我发现，在会面之前，许多客户都想多了解我一些；通过浏览我的网站，他们可以初步判断我的专业知识是不是与他们的需求相符合。反过来，我也可以浏览潜在客户的网站，详细了解他们的业务。

仅仅因为不知道怎么制作网站就认为网站“不适合你”，这种想法是不对的。设计师们可以在一两天内帮你建设一个简单的网站。但是，你必须为设计师提供网站内容。

拥有网站的一个重要优势是，你可以拥有以网站域名命名的电子邮箱。这样，你不仅形象更加专业，而且再也不需要修改电子邮箱！想想你可以省下多少打印名片的钱，还能塑造出一致的自我形象。

建好网站之后，尽量增加网站链接的曝光率。一种方法是加入设有成员网站的组织，加入后即可将你的网站链接登在组织官网。商会就是这样的组织，加入商会是个良好的开端。

74. 商会

为什么商会是一个不错的起跳板？

在前面的章节中，我们说过，商会是一个适合社交和业务往来的地方。与其他组织相比，商会为你开拓更多渠道，帮助你了解其他商界人士。担任商会会长期间，我见证了董事会为增进会员企业之间的合作和联系而付出的努力。商会的任务之一，就是要创造充足的社交机会，不仅是在商会内成员之间，也包括与其他商会之间。我们常常举办职业发展讲座。

商会对企业的益处之一体现在其社会参与度方面。商会不仅为你搭建了在当地商界的发言平台，而且为你创造了商会出版物宣传机会。

许多人告诉我，加入商会毫无用处，因为商会的会员企业规模太小。从某些方面看，这个说法似乎没错，但商会成员并不是没有大型企业，而且，商会中的大型企业的社会参与度都特别高。

例如，雪佛龙（Chevron Texaco）是加利福尼亚州的圣拉蒙（San Ramon）商会成员，社会参与度也很高。在商会近期赞助的表彰大会上，两名雪佛龙员工因积极参与社会活动而受到了表彰。商会为当地企业发展发挥了巨大的作用，永远不要低估商会的价值。

商会还为演讲者提供了一个平台。商会经常为成员举办职业发展系列讲座。虽然参加讲座的通常只有 25 至 30 人，但如果讲座成功的话，经常参加的人肯定会向其他人推荐。不要犹豫，加入商会，充分利用商会资源为自己创造价值。商会也十分愿意帮助成员组织推广活动，召集观众。

75. 收获

获得大量具有潜在价值的联系人后，什么时候可以期待演讲报酬或业务合作呢？

你不断进步，在许多非营利性组织和商会发表演讲，逐渐成为众所周知的演讲者，还受邀进行了几次有偿演讲。现在应该锁定更高远的目标。你可以专注自我提升，改善自己的演讲，但同时你也需要借助其他工具。演讲协会就是一个有效的工具。演讲协会有严格的规章制度，而且收取会费。

演讲协会需要你提供大量信息，而且不仅从你的演讲薪酬中提成，还可能收取各种额外费用。加入某个演讲协会时，确保它将推动演讲事业的发展，而不是白白浪费钱财。口碑好的演讲协会有许多，但你必须提前进行调查。我遇到过只开空头支票，没有任何演讲机会的组织，也加入过提供需要演讲者组织的名单的演讲协会。

加入行业协会是发展演讲事业的另一条途径。有些协会还定期召开例会，你也可以利用例会进行演讲。

这样，你既可以成为众所周知的行业专家，又可以与领域内的专业人士建立社交关系。请记住，将认识的每个人加入你的联系人列表，乍看上去没有什么合作潜力的人也不要漏掉。不要让潜在联系人溜走，与他们保持沟通。

小型活动的观众将为你介绍有偿演讲的机会。

一定要记住

1. 定位专业领域 ——演讲事业起步时，你需要专注于自己的专业知识。不要任何话题都尝试。聚焦专业领域帮助与观众建立更亲密的关系，这样观众也更愿意与你合作，为你介绍演讲机会，或者购买你的产品或服务。

2. 观众的利益——如果无法保证演讲对观众的价值，就不要演讲。大家来听演讲，是因为他们认为演讲将给予免费信息和建议，有助于改善业务。

3. 主题的价值——如果你能在 30 秒以内向观众介绍你的专长并提供三条简单有效的建议，就表明演讲话题很有价值，观众肯定希望继续听你演讲。

4. 从演讲到增加订单——你的目标是获得更多联系人，挖掘潜在客户。演讲并不是你的全职工作，演讲只是促进销售一个工具。只要有人想听，抓住每一次演讲机会。

5. 成为专业演讲者——这需要付出很长时间的艰辛和努力。若想促进企业发展，成为行业专家是至关重要的一步。在这一方面，许多非营利性组织做得很好——谈论自己的项目时他们毫不犹豫。你也应该这样做。

6．定位目标观众——即使你的话题适用于广大观众，也要将话题范围缩小，聚焦于一个行业。这样服务客户时更加简单易行。

7．从出版说起——现在，文章营销并不难，但只有积累大量的文章才能吸引观众。通过出版专著获得信任更加容易。同社交一样，写作也是一项长期的任务，需要坚持不懈的努力。挑选一个话题，写下你所知道、你应该知道的所有内容，这就是出版一本书的开始。

8．信息型演讲——通常，当观众人数很少，且对演讲话题很感兴趣时，可以选择信息型演讲。在一个较小的空间，你与观众的距离更近，更容易了解观众的需求。提供免费信息，但不要过多讲述细节。

9．提供免费信息——人们喜欢学习新知识，如果有免费的学习机会，他们会更加专注。免费信息开启了未来深入演讲和更多业务的大门。学着提供免费信息，但要设置好免费与收费的标准。

10．需要演讲者的组织——大多数服务组织每周都需要演讲者。查找当地的扶轮社、狮子会、基瓦尼俱乐部、兴趣组织、社交组织等。介绍自己的演讲，准备一张纸，写上演讲主题信息和大纲。如果认识这些组织的成员，得到演讲机会更加容易。演讲通常限时 20 分钟，短小精悍，简明扼要。

11．演讲嘉宾名单——加入演讲协会，并且抓住每一次演讲的机会，扩大企业或演讲的影响力。要想加入演讲嘉宾名单，需要调查组织，了解该组织的需求，找到合适的联系人。

12．利用你的“小圈子”——请家人和朋友帮忙宣传你的演讲毫不费力。不要害羞，不要害怕被拒绝，真正想帮你的人自然会帮忙。

13．网站推广——建一个网站，这一点至关重要。设置一个页面，专门发布与演讲相关的信息，列出你的演讲主题以及预订联系信息。如果你不打算将你的业务广而告之，那么也许你应该重新评估你的营销状况。

14．商会——商会下设许多社交小组——加入商会，成为演讲嘉宾。成为众所周知的演讲者后，你可以获得在商会大型活动上演讲的机会。商会是一个建立联系的美妙世界。

15．收获——长时间进行免费演讲后，才会有人邀请你进行有偿演讲，花费的时间和精力都是值得的。不管你信不信，实际上，免费演讲刚开始能带来更多业务。如果没有获得有偿演讲的邀请，继续利用每一次演讲的机会，慢慢有偿演讲自然就会到来。

问题列表

获得演讲机会的关键在于了解自己的专长。

列出至少五项专长（你认为自己可以称得上“专家”的领域）：

挑出三项最有助于业务增长的专长：

根据上面的列表，分别列出观众选择每个主题演讲的原因——即每个主题为观众带来的好处，而不只是主题的特征（如果空间不够，请另起一页）：

根据演讲的好处，你的目标观众是哪些人？

列出适合你所选主题的理想演讲场所（至少 3 个组织）：

有什么刊物、文章或其他材料可以证明你是行业专家？

____

____

____

____

列出未来 6 个月你的写作计划，塑造你的“专家”形象：

____

____

____

____

____

第 6 章　建立关系

人们做生意的对象是自己了解与信任的人。如果你不花时间与各个机构建立有价值的合作关系，就很难拿到新的合同。对于依赖回头客的小企业来说更是如此。

顾客是善变的，他们会到处寻找最好的生意。互联网触发了价格比较的竞争。它唯一还没涉足的就是搭建关系这个领域，当然不包括你通过社交媒体认识的朋友。如果你是在进行价格竞争，那么建立关系是一个有争议的问题。

第一点，也是最重要的一点，你必须是行业内的专家。你的销售能力得到公认，得到推荐。人们喜欢和行业内的专家做生意。

被视为一个专家意味着你是值得信赖的人。确保不要辜负了这个名声。

在本章中，我们将探索建立关系的几个方面，包括如何解决问题。您将会了解到怎样成就好的合作伙伴，以及如何维系与客户的关系。

76. 关系的定义

成就合作关系的是什么？

怎样可以真正成就一段合作关系？这可能很难界定，因为合作关系不仅仅是同对方见见面，聊一些双方的共同之处。大多数合作关系需要一段时间培养，极少数是短时间内达成的。我曾经认识一位就职于劳特莱（Rotary）公司的朋友，他是理想的合作伙伴。在一次活动上，我们聊了一会儿，交换了名片，并约定下次见面的时候聊聊双方的共同需求。大约三个月过去了，我们终于见了面。当时我们发现，我俩都喜欢看电影，我俩的配偶也都是爱看电影的人。我们决定周末组团去看电影。这就是合作关系的开始。我们有共同喜欢的东西。即使这样，两年半之后，我和这位伙伴才开始发展合作关系。这个故事告诉你，合作关系不是一时半会可以成就的，它们必须要培养。

在另一个例子中，关系的发展就快很多。在一次为解决问题而举办的社交活动上，我遇到了一位注册会计师（CPA），当时，我发现我可以提供他所需要的服务，双方同意约时间讨论这个项目。同时我答应指导他儿子写第一本书，因此我俩就搭建起了合作关系。这段关系的培养花了两个月，而不是两年。真正成就合作关系的是共同的利益或目标，确保双方都可以提供对方所需。商业关系不是单向的，双方必须各有取舍与让步，否则就会分崩离析。

如果你有必要的专业知识，合作关系的搭建就会比你被迫去寻找双方的契合点要更快速。个人利益、你所期望的业务发展方向、甚至你的核心业务，都可以发挥作用。

77. 别人了解你的好处

为什么要与某些人达成合作关系?

在一个社交场合里，环顾四周，你愿意与哪些人进行交谈?你可能会被那些正在侃侃而谈的人所吸引，他们身上充满了激情。如果你看到有些人坐在一旁，看起来像局外人一样，你可能就不会想要深入地了解他们。

我的建议，恰恰相反。去找那些局外人，问他们一些问题，比如问他们从事哪个行业，今天来参加这个活动希望有什么收获。让他们知道你是做什么的，邀请他们和大家一起聊聊。我得到过一些不错的合作关系，就是因为我努力让别人畅所欲言。

你应该确保你倾听别人所说的，确定你们是否有共同的爱好。还有一点是要确保你们的谈话频道是一致的，可以讨论的事情有很多，比如说兴趣爱好或是喜欢参加的活动，以此发现双方共同的纽带。

你需要证明为何对方要听你所言，你有什么可以提供给对方。从长远来看，你要先建立合作关系，之后再做生意。最近，我参加了一个社交聚会，那里的人们互相都很熟络。我没有感觉受到冷落，反而四处转转，听他们在聊些什么，如果他们聊的话题我也略知一二，就试着聊聊我的见解。这个小技巧使我很快就加入了这个群体。我建立了即时的共同联系。回到办公室，我给在聚会上认识的每一个人都发送了电子邮件，和他们约时间见面，讨论彼此能为对方提供什么线索。没有一个人拒绝我的请求。

78. 放下自我

你的自我什么时候会成为拦路虎呢？

让我们回到上次那个社交活动上，再次环顾四周。你注意到那个滔滔不绝的人了吗？他在谈论自己的生意做得如何好，他的服务多么地棒。他甚至唐突地直接跟你要名片，约时间来推销他的服务。这就是把自我摆在明面上的人，虽然他是很热衷自己的职业，但他更热衷于说话。他不会花任何时间倾听对方可以提供什么，他也不会向别人提出问题。在这种人身边，你别指望插上任何话，如果你试图说两句，他总是能把话题再转向他自己。你并不需要躲开这样的人，但你必须以某种方式，帮助他放下自我，让他找到来此处的目的，建立关系。

相较于讲话，如果你肯在倾听上花更多功夫，你会得到更长远的合作关系，但不要给滔滔不绝的人发言权。毕竟，这样的人不是在谈论他们所需要的服务和产品，不是来推介他们的产品，他们只是推介自己。

要想成功地建立合作关系，每次去参加社交活动，你应该至少发展一段合作关系。仔细聆听别人说什么，并鼓励他们谈论他们的业务出现的问题。你必须时刻展现自己最好的一面，聆听别人的需求。如果你能帮助对方解决问题，那就约时间进行下一步讨论。记住你的目的是获得合作关系，而不是出售你的服务。因为人们不希望被推销，他们要自己做出购买的决定，这样你可以获得更多的关注。

只要你不是不分场合地推销自己，合作关系很容易就能搭建。是的，别人会想知道你能提供什么，为什么你是最适合的，他们的目标也很简单，就是建立新的合作关系。

79. 谁是最好的合作伙伴

如何找到最佳合作伙伴?

找到一个好的合作伙伴，也就是说，一个联盟类的外部合作伙伴，需要做出大量审慎的调查。这意味着你需要研究一下潜在合作伙伴在商业上的方方面面，有时候也会涉及一些个人生活。你需要与潜在的合作伙伴找到共同点，花时间经营你们的关系，之后再与他建立任何涉及金钱的合作关系。

商业合伙伙伴都相互欣赏，并决定建立情感层面上的联系。如果你做足功课，对潜在合作伙伴工作和家庭方面的财务背景都有足够的了解，合作关系很少会顷刻之间土崩瓦解。信用评级往往能在很大程度上揭示一个人。

我有一个合作伙伴，他只雇用信用评级大于 650 的员工。他认为，这样表明这个员工尊重自己的信用评级，并且不会占公司的便宜。他还相信，良好信用评级的员工对自己的工作更加忠诚，他们不会搜寻其他的就业机会，或做一些兼职工作来弥补实际收入和期望薪水之间的差异。

除了信用评级，还有很多其他的方法来鉴别好的合作伙伴。比如他们参加的社区活动，或是活动组织。愿意提供帮助的人会更愿意去帮助自己的合作伙伴。

80. 找到正确的人

在哪能找到适合发展合作关系的对象？

找到合适的人可能并没有你想象的那么难。很多时候，他们就在你家附近，或者你的小圈子之内。在寻找合适合作伙伴的时候，有三方面需要注意。

首先，定义理想的客户：列出理想客户的标准，以及哪些细节可以满足这些标准。确保同时列出这些特质可能存在哪些行业或产业。

其次，列出你所在区域内符合你刚才列出的那些标准的机构。这个过程将持续进行，因为在你确定了几家适合的当地企业之后，你会想把名单扩大到本地之外的地方。

最后，按照喜好排出顺序，然后从最中意的开始。做一些深入的调查，知晓你应该和公司的哪位见面。花些时间了解他们会参加什么活动，他们都参与了哪些社区活动，然后想办法让自己作为行业专家的身份介绍给对方。

这个过程需要下大工夫，最开始的时候，你不必列一个详尽无遗的清单，你可以从行业最顶端的五大企业着手，如果你认为自己有戏，并能被介绍认识。记住，你的小圈子里也可能有人认识在这些机构工作的人。微信、微博等也是获得推介的有效媒介。

想要认识合适的合作伙伴，重要的是了解对方的业务，这样你可以根据对方的需求为他们提供量身打造的服务。例如，如果对方有一只车队，而你有办法可以帮他们省油钱，这样，你就有东西值得对方购买。你需要先被介绍认识，因为冒失的推销电话一般只有 1～2%的成功概率。

81. 营销渠道还是线下

你的营销渠道是怎样构建的?

我相信你一定听说过营销渠道。它能记录你与潜在客户和既有客户之间正处于销售过程中的哪个阶段。你记录下所有参加的活动，出席的会议，以及做成的交易。营销渠道保证你的业务持续进行着。它很像一个漏斗：在宽的那一端，你需要做大量工作，吸引一大批感兴趣的客户；他们其中的一部分随着漏斗前进，受到训练；这其中有一些颇具资质的，从这些人中再选出一少部分，成为你最终的客户。有了客户之后，就要花时间在漏斗的另一端完成工作。当这项工作完成后，你回过头，发现没有其他的工作可以做。你就要回到漏斗的另一端，一切重新开始。

在这里最重要的一点就是，你需要保持管道中客户流量的平衡，这样你就不会在某项工作结束的时候没有下家。你是否曾经遇见过这样的情况，某个客户消耗了你大量的时间，你都没有时间做自己的营销活动？而这个客户一声不响地取消了你们之间的合作，你就失去了工作，渠道中什么也没剩下？这是企业经营中能发生的最糟糕的事情。你应该总是准备有 B 计划、C 计划和 D 计划，这样你随时都能有潜在客户。

营销渠道有几个阶段，你必须记得要让各个阶段在管道内匀速流动。如果你遇见一个消耗你所有时间的客户，要让他明白，每周你必须有一天或半天的时间要做自己的营销活动。你可以建议客户延长项目的工期，使你的需求也得到满足。你会发现，大多数客户都希望自己的项目享有优先权，你需要为自己的营销活动安排时间。你能做的最关键的一点就是填满整个管道。

您需要把整个管道填满，同时又被困于其他项目，这似乎很容易出现问题。但你会发现，大部分社交活动都定在上午或晚上，有一些在午餐时间举办。充分利用这一点，下次约新客户在午餐时间见面。不要让业务之流干涸，努力寻找新的机会，为未来的合作项目打基础。

82. 商业相似性

为什么运作良好的合作关系依赖于共同的商业目标呢？

出席一些社交活动的时候，你能渐渐融入其中，表达你的观点。每次发言的时候，要条理清楚，有重点，前后一致。因为你会发现在这次聚会上见到的人还可能在下次聚会遇到。这些人就是你可以发展合作关系的伙伴。你可以和这些人一起集思广益，鉴别出最值得参加的社交活动，也排除那些不值得参加的。

这也是开始一段合作关系的方式。如果你发现自己和对方之间没什么共同兴趣，就讨论一些别的内容。你可以问一些问题，比如说，对方需要和什么行业进行合作，或者对方的理想客户类型。你也可以再多了解一点对方的经营目标，对方能和你现在的业务擦出什么火花。终极目标就是先约下次见面，再去探索更多的可能性。可能对方跟你一样，也迫切希望和对方做生意。

只要你关注对方企业，或是对方和你之间的共通性，就有机会发展合作关系。这时候你的重点还不是销售产品，你只需要努力建立起良好的合作关系。在真正的合作关系得到巩固之前，双方都试试水，看对方提供的是不是自己需要的。

在营销和销售行业里，企业都喜欢夸大自己的艰辛，有时候，这没任何意义。大多数机构都不会向内部人员之外的人透露自己的难处。如果你可以和某家公司建立牢固的合作关系，那你就有更多机会发现该公司需要什么样的提升空间。

83. 六层关系

你与合作伙伴之间的距离有多远?

我们已经讨论了不少你的小圈子，建议你花时间列出所有你认识的，以及认识你的人。通过这个小圈子，已经认识的人可以给你介绍你需要认识的人。你需要花时间和清单上的所有人联系，了解对方的最新进展，并且确保你咨询了他人的意见。我知道这样做有些难，我也不喜欢请朋友或是熟人帮忙办事情。但是想要让你的事业得到支持，或是被介绍给你想认识的人，最好的方法就是参加社交活动。活动形式可以是聚会，新生产线或服务的发布会，商业讲座等。这样你可以与对方进行面对面的交流。

假设你的朋友准备把他的朋友介绍给你，对方也对你能提供的服务感兴趣，你的朋友更愿意在能看到彼此的社交场合上介绍你们认识，而不是通过电话。利用你的小圈子扩大朋友圈。有时候使用网络也是必要的方法。

如果确定参加某个社交活动，首先，明确你想见的是谁，尽量让受邀的嘉宾符合你的合作目的。之前已经讲过，我曾组织了一个研讨会，邀请了一些商界人事，从他们那里得到了些免费的信息，并招待了他们早餐。我花了六个月时间跟进所有的商业线索，和对我也有兴趣的人士进行了会面。有些与会人员甚至还向我推荐了他们认为可能会用到我的朋友。

参加社交活动之后，扩大交际圈还有很长一段路要走。要想让别人参与进来，你自己要能提供有价值的东西。并且你前后说的话要保持一致。

84. 信息的一致性

为什么前后提供的信息一致性会影响合作关系的发展？

向别人提供的信息一定要保持前后一致。你需要找出自己的专长，培养游说的能力。参加社交活动的时候，不要因为对方需要的不是你所擅长的而改变你的说辞。要记得，如果你这次跟别人说你从事 A 行业，下次又和其他人说你从事 B 行业，这两个人很有可能在同一个社交场合遇见，他们会聊到你，怀疑你到底是做什么的。这一定不是你想勾画的版图。你需要集中注意力，找到自己的长处，然后向他人传递一致的信息。即使你也是在探索自己能力的极限，一定避免笼统概括。如果我说，“我是管理顾问，”别人不会认为我是任何领域的专家，因为我的头衔就告诉别人我是没有专业的多面手。

但如果我介绍自己“从事的商业活动旨在维护提升企业内营销和销售相关的活动。”这样就表明了我的专长，别人也更清楚地了解我是做什么的。同时，我不会随意改变我所传递的信息。现实中我所做的可能会达到能力的极致，但是我会确保和我自己之前所介绍的吻合。你需要确保自己所传递信息前后的一致性。同时，别忘了在公司的宣传页和网站上标明这些信息。

传递一致的信息可以凸显你公司的特征，这样能吸引更多的顾客和机构认识你。对方可以清楚认识到你的价值，充分利用你所提供的服务。

85. 关系的维系

谁负责维系合作关系？

维系合作关系需要你付出努力，也需要对方花费精力。如果你觉得某段关系值得深入发展，就必须花时间确保和对方保持经常性往来。我将这样的客户联系称为触点。你与客户维持的每一个触点都可以为你加一分。大多数人都愿意为现在的以及将来的客户敞开大门。在加利福尼亚州普莱森顿（Pleasanton，California）有一家名为奥林匹亚资金（Olympia Funding）的公司，这家公司的 CEO 规定了一项政策，每月月底，职员都要向客户发送问候信息，一般都是写了祝福的明信片。这名 CEO 还规定，每一季度要跟客户发"心里的话"。通过这个触点以及其他一些触点，这家公司不用打电话推销就能达成数百万美元的交易。介绍人一个个蜂拥而来。

这名 CEO 充分了解维系合作关系的价值。如果一家价值数百万美元的公司都愿意下工夫与客户维系合作关系，你就知道自己也必须去做规划，让客户记住你。谁认识你，而不是你认识谁，掌握最终的决定权。下次去参加社交活动的时候，收集一些名片，回来之后发邮件和对方联系，约时间见面，找找双方的兴趣共同点。别人给你发名片的时候，问问对方能不能把他列入你的邮件列表上，给他发送可能会有用的最新季刊。花时间与客户维系关系，结果会令你吃惊。

还有一个维系关系的方式就是找出对方的兴趣，并记下来。当你遇到有趣的东西时，发给对方；这样当他们需要征求意见书，或是有请求、提议的时候，会记得联系你。当你了解对方胜过对方了解你的时候，其实对你是最有利的。

86. 不仅仅了解……

为什么调查和学习在合作关系中扮演重要角色？

你是否曾经要去参加商业简介会或是会议，但是去之前没有做任何功课。我自己就做过这样的事，每当我提问的时候，觉得自己像傻子一样。本来了解与会议有关的信息的主动权在我手里，但我却没好好把握。

有时候，当你为了潜在客户而参加某个会议，会经常发现对方没有提前了解你，没做调查研究。你要确保这些情况都发生在对方身上，你不会出现这种情况。尽你所能了解对方的业务，这样你就可以准确了解客户潜在的商业需求。或许你会发现对方在跟进行业内竞争方面有问题，也可能发现一些可以在会议上讨论的有趣话题。你要确保你更了解对方。

有了这些基本了解，会议进行的时候，问问对方如何解决某些问题。你的目标是建立合作关系，而不是出售你的产品或服务。让对方讲讲自己最擅长什么，觉得对手的弱点是什么。同时，为对方提供一些免费建议，详细讨论一些解决办法。

第一次会面的主要目标就是被介绍给对方，赢得下一次见面的机会，仅仅是这样，不多也不少。

你在调查的时候会发现该公司的强项，但同时也弱点也逃不出你的法眼。别利用对方的弱点，要尽量发现对方的长处。如果对方的弱点成为继续发展的障碍，就是时候意识到该约见其他客户了。

87. 烦恼

关系中的烦恼什么时候会酿成大问题?

在第一次合作关系展开之前，你做了大量的调查研究，预测了一些可能会出现的问题。但不论你做了多少准备，还是会有一些突然冒出来的问题。您需要找到阻挡合作关系顺利进展的原因，试着在问题扩大化之前找到解决办法。你之前是否遇到过一会儿让你向东，一会儿又让你向西的客户，但是为了赚钱，你一直忍了下来?我相信我们中的大多数都免不了遇到这样的客户，如果合作关系谈崩了，反而会觉得身心舒畅，终于可以自由地发挥自己的专长。或者你也可能陷入慌乱，因为暂时没了收入来源。这些不愉快可能会让你对这个行业留下糟糕的印象，之后不再愿意与这个行业的客户合作。

故意避开这一行业的客户不是最好的解决办法。你应该努力找出问题所在，以及出现的原因。可能对方没有意识到自己的某一个步骤特别恼人，或者整个项目的完成都有问题。如果你有良好的合作关系，你就可以和对方接触，让他知道有问题必须要解决，这样才可以保证高质量完成工作。你可能会发现对方很感激你的建议。

大多数情况下，人们都不愿意主动提出问题，害怕因此受责备，或是被开除。如果你与对方的合作关系够牢固，你就不会害怕指出问题的症结所在。

如果你解决不了问题，就必须做出判断，这段关系是否值得进行下去?是时候尽快结束合作关系了吗?如果你想对问题保持理智，就努力找出解决办法。如果找不出，就赶紧换客户。

在遇到问题时你的交流方式反映了你从事商业活动的态度和习惯。最关键的不是结果如何，而是你拿出专业的态度。

88. 永远不要自绝后路

为什么即使你与对方的想法大相径庭，还是要保持融洽的关系？

工作进展不顺的时候，人都容易生气、愤怒，这是正常的。许多人会八卦聊聊当前的问题，说说谁该对问题负责。虽然发泄之后可能感觉不错，但这不利于客户关系的长远发展。

当双方之间的合作进展不顺的时候，一定要让对方知道你的想法，并为问题提出解决办法。如果不可以的话，就礼貌握手走开。这种专业的态度会为你赢得尊重，也能为将来获得合作机会。记得必须保持良好的合作关系，这样才可能为下一次合作赢得机会。不需要把这件事情当作秘密，因为不一定什么时候你的潜在客户就会认识你上一个客户。如果你跟新客户不停八卦之前的问题，很有可能与新客户的关系也会无疾而终。

记得留后路是最难做到的事情之一。以前我也曾自断过几次后路，之后追悔莫及。但我也得到了教训：我学会了先表明立场：现阶段进展不太顺利，看来我们要分道扬镳，但不影响继续做朋友。或许听起来有些太过理智，但这位客户将来很可能会对你的公司起着关键的决定作用。如果你当时就断了关系的后路，就别对做成生意抱希望了。

我有血淋淋的经验。之前我和一个政府机构有合作关系，为其提供服务。虽然我的工作堪称典范，但实际中我的“老板”一直不停变换主意。最后，我觉得很迷茫，选择了放弃，并向他表示了我的感受。当时这样做感觉不错，但几年后，有一次我在为一个大项目投标的时候，惊恐地发现，又遇到了上次的那个老板。结果就是虽然我出价最高，也没拿下项目。

最糟糕的是，我为投标做了大量准备，工作人员也都安排就绪。最后很难跟大家解释为什么我们没拿到这次竞标，但我们都学到了一点，相信我，我一定会尽全力维系每段关系。

89. 多多参与

什么时候你需要多多参与到合作伙伴的日常活动中？

最好的合作关系就是你的客户几乎忘记了你是合作商还是公司员工。与客户一起工作的时候，你是需要提出解决方法的人。这种关系需要花时间培养，如果你的专业能力能帮对方获利，客户就会很愿意把你加入到他们的“职员”表上。要想让自己拥有这个价值，你需要拥有客户需要的专业能力。同时，还要确保你充分了解对方行业的工作流程。你的角色不是做决策，而是在需要你的专业能力的时候，确保客户的业务在正确的轨道上进行着。我认识一家航空领域的公司，该企业与客户保持良好的合作关系，帮助客户设计飞机，为客户提供建议，帮其节省资金，改进工作流程。

承包公司高度依赖客户机构，高层管理人员想当然地认为客户机构应该为其服务。他们最主要的问题就是要在决策者面前多露面，有机会得到更多的生意。这不是什么坏事，但你仍然要保持自己的身份。运作如此良好的公司已经过了要约会培养关系的阶段，双方很匹配，合作关系长期稳定。

我并不是建议你只为一家公司工作。我的意思是你要与客户保持密切联系，你要知道自己的价值可以彰显在何处，告诉对方他们可以改进的地方。

多多参与到其他企业的业务中是巩固关系、确保项目长期维持下去的最佳途径。也可以减少竞争威胁，因为潜在的竞争对手是未知的，你却已然知道客户的商业秘密。你需要维系好关系，确保客户能记住你。

90. 如何维系关系

为了巩固合作关系，应该什么时候建立牢固的基础?

在决定维系一段合作关系之前，你需要确保这段关系是双方都想发展的。没有哪段关系是单向的；关系必须是双向的。

你必须有客户需要的专业知识，客户必须有足够的资源来回报你的这些专业服务。永远不要用大幅度折扣低估你的工作，不断改变你所提供的服务，或做其他任何自损价值的事情。

客户花了钱，就会很重视你所提供的服务。如果为了证明你自己，一开始提供无偿的服务，这只会对你有害，也不利于正在培养的这段关系的发展。如果你提供无偿服务，将会限制专业价值的体现，客户可能不愿按你应得的价钱支付你。

如果客户重视你所提供的服务，并愿意订立服务合同，双方的关系就值得维系。你可以通过基于价值的收费体系来提供服务。在工作时间内，对方可以找你咨询问题，你也可以在这段时间内做自己的工作。

这种基于价值的收费体系还可以避免客户巨细靡遗地查看你的工作时间。举例来说，如果你按小时收费，客户认同你价值的标准会是“我能负担得起多少小时的服务？”或是“我想知道我付钱的这个人每天都做些什么。”基于价值的收费体系有利于更好的维系合作关系。

一定要记住

1．关系的定义——要知道是什么造就了良好的合作关系。关系的发展需要时间的酝酿，通常不是短时间可以造就的。通过商业或是个人层面上了解一个人，以获得全面的认识。

2．别人了解你的好处——成为别人愿意与之合作的人。帮助他人成功，社交场合里花时间向人们介绍新来的朋友，四处转转，成为一个值得认识的人。

3．放下自我——参加社交活动不是为了彰显你的自我，你的目的是赢得更多合作机会；再或者，获得一些乐趣。把你的自我放在家里，人们不想听你展示自己，他们希望进行有意义的交谈。

4．谁是最好的合作伙伴——当你发现双方感兴趣的共同之处，就已经在发展良好合作伙伴关系的正确轨道上了。如果能找到更多的共同爱好就更好了。了解对方的企业伦理，雇佣员工的习惯，如何对待客户。只有这样，你才能知道合作能不能进行下去。

5．找到正确的人——为理想客户设一套标准的体系，使之符合你的需求。有了这套体系，你能够判断出哪些公司是理想的合作伙伴。通过这些公司，你需要认识公司的决策制定者。

6．营销渠道还是下线——对于小企业来说，最大的挑战是签订合同并不断推进项目进行的同时，发现没有时间来寻找下一个合作的机会。即使你现在正在同其他公司合作，营销管道也应该填满能发展关系的潜在客户。

7．商业相似性——保证你的信息是明确、重点突出，并且前后一致的。这样，当你参加各种活动，遇到同样的人，你的信息将是一致的。接下来工作的重点就可以是和本质属性相同，但却是不同领域的企业进行合作。

8．六层关系——通过六层关系网原理，你几乎可以认识任何人。如果你使用领英网（LinkedIn）（我有 18000 个熟人），通过三层关系介绍，你几乎可以认识任何人。这意味着你认识的 A 认识 B，而 B 又认识 C ，你需要做的仅仅是请他们帮你介绍认识。

9．信息的一致性——这一点再强调也不为过，你传递的信息需要有重点，并保持前后一致。你有清晰明确的专业能力，并明白理想的目标市场。尽量避免一概而论，因为客户需要的不是某一行业的从业者，他们需要的是这一领域的专家。

10．关系的维系——在日历上定时间提醒你寻求合作关系的进展。寻找到触点，比如发送电子邮件、邮寄明信片、或者邀请对方参加社交活动，这些都能让对方更好地记住你。也可以寄送生日快乐卡片或是生日电子邮件，与对方保持联系。

11．不仅仅了解——调查了解接下来要合作的公司，他们的员工怎么样。开会的时候不要问一些在网站上就可以获取知道的问题，这样会看起来像一个傻瓜。确保自己是博学的，而不是无知的。

12．烦恼——如果某个交易惹毛了你，直面这个问题，找到解决办法。没有什么比和让你神经紧张的人一起工作更糟糕了。如果问题不能得到解决，就果断寻求下一个合作对象。

13．永远不要自绝后路——对大多数人来说，做到这点都十分困难。当一段合作关系进行不下去的时候，你要拿出专业的态度，和对方说再见。不要说对方的八卦或者说任何负面的言语，因为你永远不知道，他们什么时候可能会决定着你未来的商业计划。

14．多多参与——如果你现在正同一家公司合作，你有机会与其员工并肩作战。通常情况下，你会被要求提供意见和建议；自由地讲讲你的看法，他们会感谢你的。

15．如何维系关系——关系是双向的，你必须具备客户需要的专业知识，对方也必须有能留住你的资源。不要低估你工作的价值，如果你让步太多，之后就可能拿不到你应得的价钱。形成你的保持关系持续发展的平衡之道。

问题列表

目前你有几段合作关系？______________________________

列出至少五个企业，你希望在接下来几个月的时间与之发展合作关系：

____

每段合作关系中，你是否知道，你想建立牢固合作伙伴关系对象的名字：

为了建立某种“纽带”，你要对上表所列出的人进行怎样的了解？

你的爱好是什么？你喜欢和别人讨论什么？列出任何可以帮助你建立合作关系的兴趣爱好：

第 7 章　业务便签

什么是“业务便签”？它可以跟进所有的合作业务、交易活动及其他事宜。

有人使用 CRM（客户关系管理）系统来跟进这种信息。我认为系统安装是业务成功非常关键的因素。你可以使用文件系统、电子表格或正规的软件；只要投入时间和精力持续更新系统就会有效果。

本书旨在讨论“业务便签”的组成要素，“业务便签”将会深刻影响后续业务的跟进方式，包括信息规划、得失分析和其他客户规划等要素。

91. 跟进业务

如何跟进业务?

如果你手头只有一或两笔交易，就能轻而易举地跟进。但是，大多数人都有两笔或更多交易，后续的合作/业务开展过程中可能会有更多。而跟进所有细节，并记录哪些人对谁说过什么有时是相当困难的。你需要跟进每笔交易或项目客户的名字及其职责。但这很耗时，你可能经常漏掉一些重要的建议，或者漏掉要拨打的电话。细节跟进很有必要，准确记录也十分重要。跟进一些无关紧要的细节有时会是一种优势，比如其他服务公司提供但你不提供的服务。你可以使用这类信息获取更多客户。

你可以运用很多技巧来跟踪进展。你可以购买 CRM（客户关系管理）软件来管理联系方式以及许多其他信息。使用计算机跟进信息不一定很麻烦；你只需要把它纳入你的日程安排。我几乎做所有事情都用电脑，但我参加会议不带电脑；我只带一个简单的纸质笔记本，记录与每一个客户的会谈细节。然后，我把重点信息存储到计算机系统，但详细的细节我会参考纸质笔记本。我对笔记本进行编号，并进行归档以便日后使用。预约、电话号码、负责人姓名、头衔、项目中的角色都在计算机系统里。我的“业务便签”中每一页的细节信息都标注有日期。

本章后半部分将详细讨论“业务便签”。下面我们将讨论记录详细信息及维持合作关系所需的几大必要要素。

92. 信息规划

什么是信息规划?

信息规划应包括五个方面，每方面均包含收集的必要信息，并分别解决潜在交易的某些问题。下面是这五大方面内容及你需要了解的客户信息。

首先，收集决策者的联系方式，包括性格。本书的后半部分将对性格类型进行讨论。你还需要对方公司内部其他层次的信息。在某种特定情况下，发挥决定性作用的是谁？他/她的姓名、职务是什么？性格怎样？他/她的上司是谁？你还需要知道能够改变决策的是谁，能够决定是否与你公司合作或购买你公司产品的是谁。现在，你已经迈出了这个过程的第一步。

第二，收集销售额的相关信息。如果这家公司是上市公司，这种信息便是现成的。如果是一家私人控股公司，你可能需要寻找其他信息源。这类信息不难找，因为大部分公司都喜欢夸耀自己的销售纪录。

第三，你需要了解他们正面临怎样的问题。也就是说，他们的企业痛点是什么？记录一些你可以提供的解决方案，但要确保与客户会晤之前，你的解决方案可以变更。

第四，你需要了解你客户的客户的相关信息：他们的客户是否开心？客户眼中公司的优势和劣势是什么？你可能还要找一些线索或对顾客的感知价值进行分析。

第五，记录每位联系人的生日、纪念日、兴趣爱好、哪家俱乐部的会员。这有助于巩固你与客户的关系。你可以在合同之外寻找与客户接触的机会。这样，当有类似项目时，他们会想到你。通常大部分信息都可以通过非正式方式收集，比如说午宴。你可以一边听一边用心记，会议结束后写在“业务便签”上，但一定要重述要点，然后再继续下一步。

93. 顾问式销售

顾问式销售指的是什么?

听到“推销员”的时候，你通常想到的是死缠硬磨、绝不甘心被拒的人。如果你告诉潜在客户你是在销售，你可能已经失去了这个客户。但是，所有企业的赢利都要依靠销售团队。公司的运行也要依靠销售团队，因为没有他们，公司就没有收益。那么，如何努力改变这种形象？关键在于社交方式。即使你的工作是销售，你也可以以顾问的角色完美地攻破客户心理防线。这种方法被称为顾问式销售，对所有销售员都非常适用。

我曾和一家顾问式销售的公司有过合作。该公司是电话服务的主要供应商，他们后期转而采用顾问式销售，以期在培训方面获得更多市场份额。很多对培训课程感兴趣的客户都认为价格太高，主要原因在于公司起初使用的销售方法。当公司销售人员采用顾问式销售方式时，付费学员的人数增加了 30%以上。公司不再是单纯的“卖座”，他们销售的是一个观念，即对学员进行培训并跟进以确保他们学以致用。

换句话说，你的服务收费理念应该基于价值而非时长。这种方法成功的关键在于跟进。你需要对跟进需求进行规划，花时间关心客户；而你免费赠送的东西并不一定能确保销售成功。

讨论跟进工作产生的效果，并记录结果。此外，在“业务便签”上记录完整的日程安排，并输入到客户关系管理系统中，以便记录重要事件。如果你向客户做出了承诺，记录下来并写进日历，信守承诺。忽视是失掉客户的最重要原因。

94. 得失分析

赢利时你要做些什么？亏损时又怎么办呢？

你进行电梯推销，会见了客户，并且了解到他的价值定位和企业痛点。接下来写下你的提议，详细记录收集到的全部信息。简单罗列出你及客户对该问题的看法。如果你使用顾问式销售方法，就可以从客户的角度看问题。你要给客户时间考虑是否选择你的产品。接下来你只需坐下静静等待。

实际上，你只需等待一两天，给客户时间阅读并详细考虑你的提议；之后便可以与客户讨论提议，开始跟进。商定好会面时间后，你要向客户描述你为其提供的服务内容。

客户可能会接受你提议的大部分内容，但你的提议也可能会被搁置。如果发生此类情况，你无法让潜在客户相信你的业务价值，你就需要回顾销售过程，寻找问题的原因。最好的办法是询问客户你的哪些做法有待改善。运用此种跟进方式能得到客户反馈，问题的原因可能在于预算削减、竞争对手，或者你的提议不合适。将其作为学习经验记录下来，但一定要确保该客户仍在你的目标范围内。千万不能与客户发生冲突，任何时候都要保持极度专业。

如果业务失败，你需要花点时间访问客户，了解业务失败的原因，这一点很重要。如果业务成功了，你要做些什么？通常就是对该客户进行跟进。但即使业务成功，访问客户仍很重要。你要了解成功的原因所在，以及客户希望哪些方面得到改善。

95. "业务便签"

你需要保持跟进什么其他信息？

现在你有一笔交易，你已经完成了产品介绍环节，并准备启动项目或销售产品。交易完成了吗？还没有！这个时候最需要与客户密切合作，以确保你的销售计划顺利进行。销售计划应包括"业务便签"，详细记录维持客户、推进项目的规划。销售计划还应该包括其他联系方式，以便扩展当前项目，甚至定位即将与当前项目脱轨的其他项目。销售产品时你要安排交货日期，以便跟进出货质量，并帮助客户更有效地使用你的产品。此外，你还需要跟进其他信息。

当你需要向客户展示你对他业务的关注时，"业务便签"可以帮助你记录这些重要事件和时刻。要确保客户时刻顺心，这一点很重要。不要不断地纠缠客户，每月联系一次就足够了，有时一月两次也可以。如果你每周都联系客户，他们可能会觉得你是在死缠烂打。这种做法也不算错，但如果认真思考，你就知道联系客户的恰当频率。务必确保“业务便签”记录了所有信息，然后添加到日历中。

对于销售员来说，做记录也有弊端。我最讨厌文书工作，也受不了重复这样的工作：以书面形式记录一次，还要再输入到计算机中。如果你喜欢用电脑，那就带笔记本电脑去开会。我觉得我会分心，因为打字有噪音，而且不能直视客户；而且我可能跟不上谈话内容，浪费掉大量的时间，而用纸质笔记本则不会出现这种情况。

96. 客户档案

为什么要分析你的潜在客户？

这个话题乍一看似乎不合常理。但是你会发现，虽然拿到合同之前你已做了认真准备，也相当了解你的客户，但你不完全了解工作的相关内容。你的项目一旦启动，你就要更多地了解你的客户。也就是说，你要比以前更熟悉他们。一开始你所掌握的信息是公开信息。现在，你要了解更多客户信息，并添加到客户档案中。这些信息需要时间积累，它不会在项目一开始就自动浮现。你需要努力发现这些信息。

获取更多信息跟间谍获取组织内部秘密是两码事。你只是关注周围环境，观察影响项目结果的因素。客户公司的档案和项目信息应分开存放。如果发现了对方公司内部的真相，或许有政治力量在背后操纵，你需要想办法解决这些问题。这并不是说你在出卖他们的客户，只是你需要解决这些问题，你关心该项目的成功。不要让任何事情与你擦肩而过；把它们记录在档案中并迎头解决。

出现问题时要开会，这是解决项目潜在风险的最有效方法。定期开会往往会阻碍进程，因此，需要讨论的问题比较多的时候，要安排如会议日程。如果只有一个问题而且无关紧要，那么积累一些问题再组织开会。但是，如果有紧急情况发生，就要马上安排会议解决此项问题。

97. 联系方式

无论客户级别高低，取得他们的联系方式都有用，但是客户公司的利润由谁掌控呢？

确保你知道客户公司内部所有的必要联系信息，这是业务计划的一部分。有 CEO 的联系方式是一回事，因为他/她是决策者，但有直接业务合作伙伴的联系方式又是另一回事。销售任何项目或产品时，你与 CEO 有直接工作关系的可能性都不大；你会被介绍给某个负责人。因此，收集 CEO 信息的同时也要收集其他人的信息。你需要了解他的性格以便取得内在优势，也需要了解每个人对购买决定的影响力；你可能会发现，这些人在公司规则允许内，有权控制支出范围。

一旦交易成功，你就要确定目标联系人。这些人往往在可能由你负责的重要项目方面有内在优势。他们为了购买你的项目或产品，甚至会筹集更多资金。我有一位客户，他所有采购订单的资金上限都是 1 万美元，而本季度的业务金额为 3.2 万美元。他没有填写纸质表格，再次申请批准，而是跟我分别签了四个合同，每个都有开始日期、事件内容和项目完成时间。这对他很有利，因为他不需要再次申请批准以继续该项目；对我也有利，因为我以更快的方式拿到了资金。

如果对方公司员工有能力审批项目并进行采购，这对销售和扩展销售网络很重要。你要密切联系此人，并确保他或她对你的工作完全满意。

98. 企业痛点

企业最具挑战的业务问题是什么？

每个公司都有其企业痛点，但痛点不一定意味着该公司不成功。痛点可以是营销活动未能产生预期结果时的小失误，也可以是销售过程中汇报不准确导致的大问题。寻找客户的企业痛点时，要记住，你要找的不一定是重大问题，而是导致公司赢利受损的问题。

例如，我曾经和一家计算器销售公司有过合作。该公司的处理系统显示只有一件库存时，就会自动订购更多计算器。有一次，他们要处理掉库存，并订购新款计算器用于出售。但是，当其库存只剩一件时，订单系统就会自动发送订单，采购 50 多件同款计算器。会计部门有时会发现这一错误，但有时也会疏漏。退订多余的订单是让公司很头疼的事情。此时该公司的企业痛点是其计算机系统。

该公司没有维修计算机系统，而是指望会计部门进行调整。直到供应商对此事大发雷霆时，该公司才认识到计算机系统需要维修。有时公司需要很长时间才能认识到他们有企业痛点并需要改革。而他们往往不知道他们存在企业痛点；他们认为只是业务出了小问题。

公司所有的小问题都应该记录在“业务便签”上。你可能不会把它们都存在客户关系管理系统中，但如果你有简单的解决方案，倒可以这么做。

99. 价值理念

你如何定义你公司的价值理念?

每个公司都有自己的价值理念，即公司声明为客户带来的感知价值。通常，公司在执行层面和销售层面分别有不同的价值定位，甚至在客户层面的价值理念也不同。

价值理念需要一致，这样不至于客户得到的信息前后矛盾。如果价值理念不一致，公司不同层次、不同部门处理问题的速度也就不同，处理的结果也不同。如果你花时间了解人们对你公司价值理念的评价，并和你想象中的价值理念进行比较，你会非常惊奇地发现，这两个价值理念并不相同。如果你的目标是保持客户心情愉快，那么你必须改变你公司的价值理念，以便和客户的价值定位达成统一。

我有一位同事，他的工作是评估他公司在执行层面、销售层面和客户层面的价值理念是否一致。他发现，这家公司和类似规模的公司（销售额为 1 亿美元）所秉承的价值理念与客户的价值定位不一致。事实上，公司认为最好的方面并不受客户重视。

现在问问自己，你公司的价值理念应该是什么，而不是你所认为的价值理念是什么。与客户保持联系，确保客户感知和实际价值理念一致。记录所有对公司及其价值理念的评价。帮助客户和员工了解他们为公司带来的利益，这样你会赢得更多业务。

100. 收益历史/计划

如何记录客户的收益？

客户的收益历史是你“业务便签”上需要记录的重要信息。客户收益不应该以纸张形式记录，应该以电子方式记录。手动计算很容易出错。你可以把电子数据记录到“业务便签”上，因为它们变化相当快，也许会形成一个增长模式。收益减少及平稳的情况也要注意。要熟悉客户的收益报告，因为每家公司向公众或其员工公布的客户收益方式都不同。

记录合作公司，甚至还未成为客户的财务状况，可能会让你觉得很麻烦。无论你相信与否，财务信息反映了客户公司销售团队、市场营销及行政领导的水平。财务信息可以告诉你更多客户信息。如果你还不相信，请看下面的例子。

约翰正准备向 Z 公司提交一份建议；他对自己的营销和销售策略有一些成熟的想法，这一想法可能会为公司带来更多收益。他浏览了公司过去六个季度的财务状况，发现公司收益增长很有限。他认为这很奇怪，因为他们的产品需求量很大，公司也正常运转。他进一步研究，发现公司只是满足于现状，并没有继续发展的意愿。该公司正被一家大公司兼并，CEO 也即将退休。如果约翰没有恰当地使用“业务便签”，他提出的建议就会显得不成熟，既浪费自己也浪费客户的时间。

即使这种情况对约翰来说不怎么乐观，他也确定了研究公司财务状况的价值。他在写改革建议之前对公司财务状况也有所了解。我们有时视为企业痛点的根本不是痛点，而只是痛点背后的其他问题。

101. 客户规划

为什么要制定客户规划？

当你第一次决定通过介绍、社交活动或常规方式接近一家公司，你需要制定一个客户规划。此规划将是你“业务便签”的一部分，包括你赢得客户的方式及跟进计划。制定客户规划和设定目标一样。你设定最终目标并一步步达成。有一点需要注意的是，有时接近目标客户进而达成目标需要很长时间；有时可能达不到目标。

有一次我制定了客户规划，我的目标客户是一家大公司。规划开始实行三年后目标才完成。我越过重重阻碍才找到那位负责人。时机也很重要。为接近这家公司，我计算出了预算年度的最佳时间，同时还要清楚如何打开这家公司的敲门砖。还有一次，我为另一家大型企业制定了客户规划，我找到了一位负责人，这位负责人是我在筹款活动中认识的，仅 14 天的时间我就拿到了合同。因为有了客户规划，我就知道后续要怎么执行，怎样跟进。

客户规划和目标设定对于大多数人来说都很难。设定公司和个人目标尤其困难，但是恰当制定目标并成功执行极其重要。我唯一一次真正成功赢得客户，是因为我对客户规划做了详细的设计。

102. 客户会议议程

你应该如何做会议记录?

你是否曾经想过逃避会议？我在美国五大公司之一工作过，他们似乎通过开会的方式策划会议。这简直让我发狂！我想跟其他与会者一样尝试着做更多工作，希望任何会议他们都不要叫我。时间久了，我没有从这些会议上得到任何有价值的信息，我的工作也被忽略了。我不得不记录会议，把要做的事添加到日历上，这样我不会忘记他们究竟想干什么。简单来说，我非常不情愿！

轮到我主持会议的时候，我决定做出一些改变。我计划好我们应该讨论的内容，而不只是让大家陈述工作进展。这次会议由大家陈述工作进展变为有目的、相关议题的讨论会。这样就更有必要计时并记录会议进展了。会议是经营一家公司并赢得客户的重要部分。客户会议应顺利进行，不至浪费时间。你要直奔主题，继续下一个话题。

记录会议及议程只需使用文字处理程序中的表格，或者电子制表软件。也可以使用对勾标记出已完成的项目。这样很容易发现哪些问题尚未解决，而不必重新记录。客户的待办事项也应该以同样的方式简单标记。客户期望自己的问题得到及时处理，如果不花时间来记录这些信息，你可能会忘记他们的要求。

这个过程目的在于为客户提供服务并记录在案。重要事件、行动项目及其他活动可能让你应接不暇。不要马虎应对，不要忘记你该做的事。

103. 业务回顾

回顾企业历史有何意义？目的何在？

你花了大量的时间和精力收集有关客户和潜在客户的信息。你记录所有需要知道的信息并准确跟进。现在公司财务的状况已经有段时间没有更新了，因为你发现你没有时间，或者根本不想找时间去更新。如果你按照行动计划工作，那么工作起来应该很轻松。业务回顾过程中你要做的事是回顾你的客户规划，并依据进展进行更新。这种自我进度报告会让你的客户规划有更多进展。这不是销售手段，只是与你见过的客户保持联系的一种方式。这样，客户或潜在客户会更容易记起你的名字。

使用“业务便签”保证你的工作顺利进行，业务回顾有助于你决定该业务是否值得继续。有时似乎要花费很长时间才能完成回顾，但不能因此中断与客户的联系。你应该分析公司财务状况、项目可能性、赢得这份工作的利益，以及需要的专业知识。回顾完所有的信息之后，你应该做出决定，保留哪些项目，取消哪些项目。此外，应该寻找新的业务，并取消一些不符合公司价值理念的旧业务。鉴于你的公司正在发展，旧的方法很快过时，因此，需要换以新的方法。

回顾哪些工作不应该留到季度末做。每个月的月底，你都应该思考一下业务进度。如果你持续更新“业务便签”，快速回顾并不会耗费太多时间。

104. 当前业务

当前项目需要做的工作，应该如何规划，如何开展？

需要做更多规划！我认为，如果你花时间并用心计划，你实际工作时花费的时间就会很少。例如，写一本书的时候，我会花时间规划我想写的篇章。我也会花时间简单罗列这些篇章所包含的话题及话题中的关键字。我花时间和别人交流想法，集思广益，排除无用想法。想法确定后，我对话题进行研究，然后开始写作。如果没有制定计划，这本书就会结构零散，毫无逻辑。

如果做好了规划（自己把握进度也可以），你会发现实际工作会更加顺利。你要记录业务及会议的所有讨论内容，还要记录跟进时间及客户想知道的信息。每项业务都应该做好包括跟进计划在内的规划。

当前项目的行动计划需要每天更新。我们称之为客户任务完成进度一览表。每日更新有利于汇报任务完成进度，因为每天发生的事情你都要记录。

105. 未来规划

如何确定未来的解决方案，同时发现机遇？

将“业务便签”应用到不同领域，有助于了解客户在哪些方面需要更多帮助，或购买哪些产品。浏览“业务便签”的记录，就能确定企业痛点之所在。潜在问题的解决方案总会让客户感到欣然。但是，你提出建议之前必须对这些解决方案有所研究。这项工作十分简单，但推广自己的公司和产品没那么容易。你要确保了解竞争对手的理念，以及他们解决同样问题所采取的方案。

你的“业务便签”还应该包含竞争对手的信息。你需要知道竞争对手在做什么，他们为客户提供了怎样的感受。你需要比任何人都了解得更多，准备得更充分。你想让客户选择你而不是别人。信守承诺并提供价值，加强与客户的业务关系。你的“业务便签”应该包含你维持客户所需的所有信息。

一定要记住

1. “业务便签”——如果你手头只有一两笔交易，跟进起来就轻而易举。如果你跟进的交易不止一两笔，你就需要一个系统来提供帮助。“业务便签”只是客户关系管理软件外加随身携带的笔记本。

2. 信息规划——即追踪客户信息的5个方面。首先是联系方式。第二是销售额。三是业务问题列表。四是你客户公司的客户信息。五是个人信息，比如生日、纪念日、特殊日期、哪家俱乐部的会员和兴趣爱好。

3. 顾问式销售——与客户公司合作，为他们提供改进建议，帮助其解决业务问题，提供免责的免费咨询。如果一个企业解决问题时将你看做决策参与者，就说明他们会越来越信任你。

4. 得失分析——创建一套可以用在每次工作提议中的评评分标准。给自己的每个项目都定上分数，并努力在每个项目都拿高分。这样你赢得客户的机会就更大。如果这套标准不奏效，开会讨论你的问题出在哪里。如果你赢得了客户，也要找出交易成功的原因。

5. “业务便签”——记录联系客户的重要事件，并确保按照计划与他们进行沟通。当你负责一个项目，并需要告知客户该项目的进展时，这种方法也适用。跟进和良好的沟通计划必不可少。

6. 客户档案——当一个项目正在进行中，你要收集更多档案信息并添加到你的“业务便签”。关注周围环境，观察影响项目方向的因素，并记录在案。以后的某个时间你会需要这些信息。

7. 联系方式——不断添加新的联系人到你的客户档案。每个部门可能有不同的决策者，而且不同部门的组织构架也可能不同，因此，你需要记录企业的组织构架。有时在不同部门的企业痛点也有所不同，记下所有有助于你赢得更多客户的信息。

8. 企业痛点——是什么让你因业务问题而彻夜难眠？这就是我们所说的企业痛

点，所有公司都有企业痛点。如果你知道你客户公司的痛点，你就能够为其提供解决方案。

9．价值理念——每家公司都有自己的价值理念，有些很容易理解。你公司的价值理念可能与客户的价值定位相矛盾。从客户的角度看待你公司的价值理念，改变公司价值理念使两者相统一。

10．收益历史/计划——你需要用电子方式记录收益历史，以便更好地进行比较，更方便看到公司收益处于何种水平。你能了解谁是你的目标客户，分析他们之间的购买差异，你还能看到哪些客户的购买量在减少。

11．客户规划——应该包括赢得潜在客户的做法。列出你交谈过的客户，他们的企业痛点，他们当前的客户等。制定详细的清单，这样你可以制定行动计划以获得该项业务。

12．客户会议议程——制定一个议程避免会议跑题。记录会议内容，“业务便签”记录的与会者和行动方案有助于你日后做决策。

13．业务回顾——你花了很多时间收集公司和潜在客户的信息，这些信息需要不断更新，以便和业务进程保持一致。预留一些时间来回顾你的客户清单，以便进行更新。

14．当前业务——做更多规划！花在规划上的时间越多，你需要做的工作耗时就越少。大多数工作 75%的时间都是在计划阶段，实际工作的时间只占 25%。没有周密的计划，工作可能会很艰难——分析当前业务，看你正处在计划的哪个阶段。

15．未来规划——有效利用“业务便签”将有助于你分析客户需要更多帮助或购买更多产品的领域。

问题列表

访问客户时你喜欢记录些什么?

选择一个潜在客户并填写该客户公司的信息计划。(请参阅信息计划第 92 条):

联系方式:

销售量:

公司正面临的问题:

该公司的目标客户是谁？该公司的客户对其作何评论？

列出你联系客户所需的所有个人信息（生日、周年纪念、爱好、其他兴趣、俱乐部会员等）：

列出 2 或 3 条最近失掉的业务，并列出业务失败的原因（请诚实回答！）：

为了与失掉的客户保持联系，这样当有新的业务或项目时他们会想到你，你会做些什么？

你公司的价值理念是什么？你为你的客户带来了什么利益？你如何检验你公司的价值理念？

第 8 章　名片营销

你会随身携带多少张名片？对我来说，只带一张名片，事情就会很难办，因为我不仅有合资企业、联盟项目的业务，还有我自己的业务。是的，我的业务不止一个。我发现，我缺乏足够的动力来处理这么多不同的业务。我必须找出一个合适的解决方案，用一张名片囊括我的所有业务。

名片营销的方式更易于说明我的业务范围，我的专长更易于获得认可，最终使我的名片信息保持一致。在前面的几章中，我一直在强调业务重点、专长和一致性。

本章我会介绍一种使用名片的新方法，依旧可以让你成为一个领域的专家。你会学习将名片用作活动入场券，邀请函，用于发送赠品，礼品券，预约会面，分享食谱，小贴士，引用名言，或者用作优惠券等。

以我为例，我有一张名片，上面印的公司是沃韦尔国际咨询公司（加拿大）（Vervial Group）和沃韦尔有限责任公司（美国）（Vervial Group）。本章将谈一谈如何做到只携带一张名片。

106. 携带一张名片

如果你在犹豫应该随身携带多少张不同的名片，
我可以用经验告诉你：你只需要一张！

给客户几张你的不同名片，最容易迷惑潜在的客户。你可能会做多个业务，每个业务（甚至你所工作的几个公司）都有一张专属的名片，但你需要专注于自己最擅长的业务。我记得我在会议室混音器旁和一位男士聊天，他想要我到他的公司，重新设计我公司的标志。他递给我他的名片，设计精妙，给我留下了深刻的印象。我告诉他，我正在更新公司网站，公司标志也要更新一下。他又递给我一张名片，说他也做网站设计和网站编辑。当时我完全糊涂了！我需要的是一个平面设计师，而非可以为我做一切的人。我不相信，一个好的平面设计师会想要做网站，因为网站设计不仅仅是制作漂亮的图片。网站设计需要大量的编程知识加数据库设计、保密信息和服务器的专门知识。他后来递给我的这张名片上印的是“程序员”。

我决定到别处为我公司设计标志，因为在我眼前他就是变色龙，他想的只是要抓住所有可能的业务机会。如果他坚持将平面设计作为自己的主营业务，我会花时间与他见面，听听他的建议。他本可以在此项业务结束之后再介绍其他业务给我；他可能有战略合作伙伴，只是我不知道，但是他们也从他接近我的方式中体会到了我的感受。

你绝对需要坚持用一张名片囊括所有业务。你的名片展示了你的专长所在；如果这张名片适合你的业务模式，其他事情都可以再讨论。设计一张有重点的名片不难，如果你在大型机构工作就更简单了，但如果你是自主经营，你需要知道你真正的专业特长在哪里。

你的名片应该清楚地显示你的身份、业务和联系信息。你可能也想用一个头衔概括你的专长。名片上不要排列过多细节，因为人们可能不会看这些。名片要保持整洁、简单。但是名片信息也不能太少。最糟糕的就是，一张名片只有公司名字，却没有任何有关公司经营业务的信息，即使是咨询公司也要有业务介绍。名片上必须要有网址：这是获取所有的额外信息的途径。

107. 座右铭和信条

在公司名片上印座右铭是一件很容易的事情。

有时候你会怀疑，一家公司的员工是否会记得他们的座右铭。如果你问他们，他们必须四下寻找，看看他们做的记录，才能告诉你。大多数情况下，座右铭冗长到被大家忽略，能记得的人只有它的创作者。最适合你的座右铭应该有意义，并可以轻松地讲给客户。座右铭应该很容易被记住，这样你可以把它融进 10 秒销售法。

我有一个朋友是富达离子纯净水公司（Ionics Fidelity Purewater）的总裁；他钱包里的名片上印有他的座右铭。他的每位员工都有这样的名片，他们被问到公司座右铭时，总能回答出来。他的座右铭很短，重点突出；他们一直都在使用这条座右铭。

座右铭就是应该恰到好处地被使用和遵守。每个人都要相信，并将其铭记在心。如果座右铭没有意义，和你的工作也毫不相关，你就不容易记住它。

我将我的座右铭放进 10 秒销售法，并鼓励我的员工第一次与客户见面的时候使用。我的座右铭是“为保持、维护和调整公司业务进程而努力。”如果有人想具体了解，我会用 30 秒的时间进一步解释。你的座右铭适合讲给客户听吗?

座右铭和信条可以很好地强调你对客户寄予的希望：珍惜你的产品和服务。很可能，他们在你办公室的墙上，甚至在印刷材料中第一眼看到的就是座右铭。你需要记住一件重要的事情：座右铭必须有用，且容易被大家拿来传诵。

108. 将公告制成名片

公告可以像一张名片被扩散出去。

公告可不仅仅是一条新闻，让人们了解你公司或本人发生的特别新闻。前面的章节我们谈到了公告，几乎任何事情都可以放到公告里面。

你可以发布公告，邀人参加研讨会，宣布晋升，甚至宣布行政任命。不管你如何使用公告都可以。真正重要的是，你花费时间来发布公告。我记得曾经和一家印刷公司有业务往来，这家公司不懂该如何为自己做公关工作。他们认为，只有像聘请一位新的经理或签约巨额合同，这样的公告才有新闻价值。他们只是一味地向当地报纸发送新闻稿和公告，即使这样他们的新闻也没有见报。他们并没有为他们的业务创造令人兴奋的消息。你工作的一部分职责就是创造这种兴奋。

发布公告时必须要确定你的目标人群。在打印店公示你新买了一条狗并无意义，除非你可以编出一个动听的故事。这条狗可能代表你正在赞助的一个慈善机构或是一个吉祥物。为使故事动人，你可以随意编造，但故事必须真实，这样才会做出有新闻价值的公告。以这种方式展示信息，是让你的公告受到关注的关键。还是前面关于狗的例子，你可以在你的名片背面印上公告，目的是让人们了解“慈善机构”，前提是你真的在资助一个慈善机构。

从常理来讲，公告需要有读者才能得到认可。没有观众就没有后续的事情，印刷材料也会被扔进垃圾筒。要激发你的观众去了解更多信息。

109. 将名片用作活动入场券

为什么要使用活动入场券？

活动入场券经常被用作赠品来吸引人们参加一些活动。例如，大多数分时度假公司除了赠送美食，还会赠送活动入场券吸引人们参加他们的宣讲会。活动入场券使用范围很广；你完全可以将你的名片和活动入场券一并分发给你的潜在客户。

例如，我与一家新成立的市场营销公司有过合作，某一年春天我的任务是筹备行政早餐。早餐可以免费享用，宣讲会也并非是推销；只是讲述“销售的七宗罪”，这是根据该公司为我提供的白皮书总结出来的。我把名片制作成活动入场券，出席人员不必携带这张名片，但我发现大多数人都将它装在钱包里，因为名片大小适中，刚好可以放进钱包，并可以为他们提供活动的详细信息。

你可以使用入场券免费参加贸易展会，而这种展会通常是收取入场费的。这种入场券其实比我的名片更具价值。如果你想以入场券为契机让别人了解你，可以策划一场活动，向目标客户分发入场券，以此做推广。出席人数会让你惊讶，他们之所以出席，只是因为他们有入场券！

参加活动的人有三种，你都可以接纳他们。第一种人喜欢讨价还价，只有产品是免费或价格非常低的时候，他们才会参加。第二种人不喜欢砍价，因为他们了解你，你的任何活动他们都愿意付钱参加。最后一种是只看不买的人，如果折扣力度大，他们也会购买，也不再还价。

无论你采取何种方式推广活动，最好可以瞄准目标客户。我建议将上述三种人都考虑在内。使用名片做入场券可以节约设计时间。请记住，这些活动是你策划的，针对的是目标客户。

110. 将名片用作邀请函

名片大小应适合作为特别活动的邀请函。

你想象中的邀请函是什么样子？很可能你想到的是婚礼或派对的邀请函。你甚至可能会想到邀你参加商务活动的口头邀请函。几乎每个活动的邀请函大小各异，形状也各异。那怎么才能让你商务活动的邀请函受到关注呢？这里有三个简单的步骤，可以帮助增加活动的参加人数。

首先，联络那些你希望来参加活动的人，私下询问他们的日程安排，看他们是否有空闲时间，你是否可以在这个时间安排活动并约他们参加。通常你得到的都是肯定的答案。告诉他们，活动的前几天，你会打电话跟他们确认是否参加。问他们是否有认识的朋友可能也想参加，拜托他们帮忙将活动推荐给朋友。然后，将邀请函名片邮寄给对方，以便他们有个纸质版的参考。你也可以邮寄多张名片，方便他们推荐给朋友。

其次，给每个私下认识且与你业务相关的人打电话，询问他/她活动当天是否可以现场参加。告诉那些回复可以参加的人，你想要他们在这个时间来参加活动的原因。给他们邮寄你的活动邀请函名片。

最后，你需要邀请老客户。如果他们不能在这个时间来参加活动，问他公司的其他同事是否可以代替。如果有，把他们加进名单，告诉他们你会给他们发送提醒。

这样很容易让你的邀请函受到关注。最难的是要确保那些答复参加活动的人真正能到场。你可能会发现实际到场人数比答复参加的人数少 20%～30%。如果你考虑到这个差额，就能确定为填满空缺需要邀请多少人。我邀请了 200 人，最后有 87 人到场，这样的计划很不错——现在是你实践的时候了。

111. 赠品

为什么要送赠品？

我们在贸易展都见过赠品，可能都见到有人从展台挨个收集尽可能多的赠品。总会有人只是为获取免费赠品而去参加展会，但也有人去是为了解新的产品或服务。

有些人可能会对你的话真正感兴趣。即使他们真感兴趣，也一定是因为他们可以从中受益。我们称这种现象为 WIIFM，意思是“我能得到什么？”也许你所提供的赠品是限时的免费咨询，比如说半个小时。或者你想赠送潜在的新客户特殊保险费。要做到这一点，首先必须筛选出那些白拿赠品的人，找出真正有潜在商业价值的客户。这不容易，但是，如果你采取询问日程表安排见面的方式，这些白拿赠品的人就会减少，真正的客户也能迅速签约。

不要只是在展台发放免费赠品，你可以给参会者分发领取赠品的名片。这样你就能促使客户流动到你期望的地方，比如网站。

例如，我曾经工作过的一家汽车经销商参加了所在地区的所有贸易展。他们有很多赠品，但发现没有多少人到他们的店里进行试驾，更别提最后购车了。为了解决这个问题，他们分发印有活动名称的名片，确定要分发的对象，并向他们解释，拿赠品需要去店面进行试驾。赠品是一套很好的砧板牛排刀具。其结果是，参加展会的 20%的人去店面进行了试驾，最终售出了 25 辆车；赠品真的带来了大大收益！

赠品不必是昂贵的牛排刀套装；也可以是简单地印有你公司名字的钢笔。无论你选择什么作为赠品，确保它实用，不会被扔掉。不要赠送便宜的可笑玩具，用过一两次后它们就坏掉了。赠送有折扣或免费服务的礼券，这样有兴趣的客户会去换取赠品，其他人就不会。

112. 礼券

如何将名片当作礼券使用？

在本章开始，我问过你需要多少名片，答案是你只需要一张。虽然建立商业关系时只需一张，但在推进业务时一张并不足够。

推广业务有很多形式，但把名片用作礼券，你的潜在客户就不会轻易丢掉它。你可以赠送买一送一的晚餐券，为光顾你商店或驾驶训练的顾客打折。不管名片怎样被用作礼券，如果礼券可以塞进钱包，你会发现，礼券使用量会大大增加。

在大多数杂货店或零售商店，他们以“礼品卡”的形式出售礼券。顾客购物时可以用这些礼品卡在机读器上刷卡，同时卡上会记录余额。

但是对大多数小型商店来说，这种形式的礼券成本很高昂。同样，你可以以纸张的形式设计礼券。名片的厚度有薄有厚。纸张越厚，名片就越不容易丢掉。如果你是现金返还奖励项目的会员，你的商店也注册过，你可以使用上述方法。详情请查找本书末尾部分：如何建立公司。

我曾经帮助一家小杂货店推广业务，我给附近的新客户赠送“礼券”，他们可以免费获得一加仑的罐装牛奶。我们决定赠送一罐，因为有家庭的人大多数都不会只购买一夸脱。本次促销活动吸引了附近几乎所有人，通过这种方式，商店获得了关注，新客户也增加了。你不必赠送农场，或者奶牛；你只需要使用对你有用的礼券形式。一旦客户光临了你的商店，你们之间的业务关系就建立了。

你的礼券、邀请函、公告，或任何其他东西，都应该印有你的网站信息。

113. 网站信息

让人们关注你的网站并不容易：要特意用名片提醒他们。

互联网一直都存在，不管你懂不懂；那些还没有网站，或者连电子邮箱都没有的企业，很有可能被遗弃在尘埃里。所有的信件，特别是你的名片都应该有网址信息。

如果有人对你的公司感兴趣，他们就会想进一步了解你所做的业务、营业时间、公司地址等。除了让他们关注你的网站，还有什么更好的方式可以让他们了解你呢？在后续章节中，我们将讨论如何使用网站。名片是打开许多业务大门的关键，只要名片上有你的网址和邮箱。电子邮件便于客户与你取得联系。有些人不公布邮箱，因为他们担心会收到垃圾邮件。我想强调的是，你可能会收到一些垃圾邮件，但大多数情况下，你会收到很认真的回复。有些服务器会在你的收件箱收到垃圾邮件之前，将它们删除。我的服务器就是这样的，这让我觉得很欣慰。我还是会收到一些垃圾邮件，我会标记这些邮箱，然后将它们放入服务器的拦截文件夹里。这个服务器很方便让我跟进联系人。

我曾参加了一个商会研讨会，并在会上做了演讲。研讨会上有一只碗，用于抽取赠品获得者。我们的奖品是为期两天的销售流程培训研讨会的参与资格。我们告诉参会者，不要为了抽奖就把自己的名片放进碗中，除非他们对培训真正感兴趣。一切进行得都很顺利，中奖者十分兴奋，他确信他了解到了关于培训研讨会的全部信息。那天晚上我回到家，要把中奖者登记在册，却发现他的名片上没有邮箱。我不得不填上我的邮箱地址以便完成登记。结果，他并未收到任何自动确认的邮件。他解释说，如果把邮箱印在名片上，他会收到太多垃圾邮件。在和潜在客户建立联系上，他给自己已经设置了障碍。

顺便说一句，他最终推荐了他的合作伙伴来参加研讨会，而他的合作伙伴对分享邮箱地址毫无顾虑。因此，为方便接收邮件，你需要为特定的邮件进行设置。

114. 预约

医生需要预约，理发师需要预约，销售员也需要预约。

几个月来，我一直在一个按摩师那里按摩，需要重新预约的时候，她会拿出四分之一的纸勾画预约时间。纸条难免会被弄丢，我到家时纸条已经没了踪影。我建议她给我张名片，这样我好记住。病人可以将时间和日期写在名片上，然后塞到钱包里。这个方法很好用，现在她已经不再使用四分之一的纸了。

专家办公室不经常使用这种方法，但这种方法的确为病人提供了更多便利。我和一位潜在客户预约在社交活动上见面，我也会使用预约名片。在名片的一面，顶部印有我的姓名、邮箱和电话号码，这一面还有会议的日期/时间和地点。甚至还可以记笔记或写评论。这样我可以为自己和客户分别填写评论。现在，只要我看一眼我的日程表，就能很容易地查看我的预约。

这样，预约时间确定后，你的客户也能更容易记住预约时间，如果有变动，他们也能跟你取得联系。这种方式也能为你的预约客户提供便利。

如果你使用的是单一颜色的名片，你订购制作这种名片的成本就很低。许多网上打印店可以廉价制作名片，但你也可以从办公用品店买来卡片材料，自己进行文字处理，然后打印名片。但如果你想让名片看起来非常专业，我不建议你自己打印名片。有一些商店打印费用低，而且提供现金返还的奖励。

制作预约名片时，你可以发挥创意。只要确保你想让客户了解的信息清晰明确。不要画蛇添足，增加信息，混淆客户。

115. 食谱

特别活动和特殊食谱：将它们印在名片上。

人们总是很关心美食和好的厨艺。我见过很多房地产公司员工分发宣传页，上面印有食谱。有些食谱看起来就觉得一定很美味，但我发现附加信息以及宣传页的尺寸让这张纸不值得保存，至少对我来说是这样。

让消费者保存你的食谱的一个办法，是把食谱印在什么东西上，这个东西要易于放在食谱盒子里或贴在冰箱磁铁下。如果食谱可以印在名片上，你就可以把它和宣传单放在一起分发。使用名片分享食谱的缺点是食谱不能太长，也不能太复杂。你可以把食谱放在网站上，以便客户去了解更多详情和信息！

用美食食谱吸引潜在客户，并告诉他们从哪里可以获得更多食谱；这样，你可以获得更多联系人。有新食谱时要注意把客户加入你的邮件列表。确保你的名片上有网址和邮箱，这样客户才能与你联系以获取更多信息。

我曾经把食谱和明信片放在一起进行分发，几年来大家都在寻找这个食谱。我只是发出了一张风景明信片，前面印有成品菜和一个小提示，提示写的是我的网站，在我的网站他们可以找到该菜品的食谱。虽然网站上已经没有这个食谱了，人们还一直保存着这张明信片，事实上，之后几年他们还会访问我的网站。

美食可能是打开客户胃口的方式，但名片还有其他用途，可以为你的数据库增加更多联系人。例如，每个人都想了解为家庭和企业节省时间的技巧。

116. 小贴士

记住诀窍最好的办法是将它们印在名片上。

你还记得 OSH（职业安全健康）硬件商店的电视广告吗？他们分享了一些省

时的解决方法来解决问题，比如，地板吱吱作响和许多其他常见的家庭问题。这些方法连带商店的口号：“问题的答案就在这里。”受到了好评，而且有当然，电视上的这些技巧真正使用起来并不容易。把它们写下来，并粘在你容易看到的位置，甚至可以放在电脑的文件夹里。我最近看到一个很棒的清洁技巧，使用混合柠檬饮料。我把这个诀窍印在我的名片上，人们可以把我的名片放进他们的通讯录皮夹里。

同样，你可以把自己的诀窍印在名片上，每张名片上有不同的诀窍。你可以定期分发名片，并逐渐增加分发量，坚持一段时间。如果这些小贴士对客户有价值，他们很可能会收集起来，为以后备用。注意，网址和邮箱也要放在名片上，这样人们可以通过这些小贴士记住你。

你可以通过这些小贴士分享知识，帮助你的客户。如果你可以让他们更容易理解或教给他们节省时间和金钱的捷径，你就会成为一个英雄。解决其他问题的时候也总是需要英雄的出现。重要的是，有小贴士的名片是让你与客户或潜在客户建立联系的另一种方式。花一些时间去思考你有什么简单的诀窍可以分享，为你的客户节省时间和金钱。你要思考的是简单的诀窍，而不是无用的知识。

虽然小贴士好用，你还需要让它与众不同。你可以思考一些特殊的诀窍，可以给你的客户带来好处的诀窍。

117. 名言引用

引用名言可以让你保持思考。

有没有演讲者的话，让你想先记录下来，以备日后使用？但你更有可能会写下来，然后放在一边，就再也没了下文。这些演讲可能慷慨激昂、激励人心，也可能会改变你对工作的态度。如果你记住了这些话，可能会经常运用。然后，你可以与客户分享，也可以运用它们推进你的业务。访问网站，你会发现，有些打印店会在名片上印些激动人心的文字，你只需要把你的个人信息添加到名片的背面。

我从每日文摘中收集名言，领会到个中含义后，我经常把它们放到我的领英（LinkedIn）个人资料中。我也会粘贴一些我感兴趣的文章，我知道人们会去阅读。我不推销业务，我只是通过发一些有趣的文章获得关注。这样能带来业务机会吗？答案是可以。

如果你演讲时引用了你认为可以吸引观众注意力的说法，考虑把它们印在名片上。你会发现，你收集了很多这样的说法，可以“转售”给别人或讲给别人听。看看你的周围，看看哪些说法比较适合你引用；不要侵犯任何人的版权，也不要给自己惹来官司。

我有一个同事，他的名片背面有句话，需要人仔细分析其中用意。他用这种办法来吸引人们的注意力，让人们找他要答案。到目前为止，很少有人懂这句话的意思。这种方式当然只是用来刺激客户与你取得联系。

引用他人名言要得到他人允许，并给他们一个署名；或者这些话没有版权，可以直接拿来使用。只要确保你印在名片上的话完全合法。

118. 优惠券

把优惠券当作名片用，反之亦然。

优惠券随处可见：你可以把它们从报纸上剪切下来，买生活用品时可以省钱；邮件中也可以找到优惠券，用来买名牌商品；你甚至可能会在投递到你门口的小册子里看到优惠券。几乎所有人都用优惠券。我总在关注我喜欢的餐厅是否有优惠活动，或者看看小卖铺里我最爱的冰淇淋是否有优惠，我觉得大多数人跟我一样。有人甚至把优惠券整理归档，养成了收集优惠券的爱好，并以此赚钱。我并不是要你做到这种程度，但你可以把名片当成优惠券分发出去。

如果你想让客户首次交易就买下你的产品，而你刚好也知道他对你的产品感兴趣，那就为他的首笔订单提供一张优惠券。我有时会在培训网站上传我的培训课程，为了吸引观众，我会赠送他们课程的优惠券代码。在名片上印上一串邀请码，是赢得更多观众的最好办法。

希望新客户来办理信用卡的商家也会这样做。客户一旦有了他们的名片，就很可能在他们的商店消费。这一点对于所有想要赢得新客户，以及想要建立新业务的商家都适用。赠送他们优惠券来购买你的产品或服务，或者你可以从当地餐厅购买优惠券，客户可凭优惠券享受一次免费用餐。忠诚奖励计划效果也很好，你可以和当地其他商家合作，提供现金返还的优惠。

优惠券是维持业务关系的另一个好办法。我做销售时，最喜欢的事情就是，供应商赠送我们特殊活动的门票或优惠券。

119. 记录特殊信息

把名片用作记事本，记录特殊信息。

有时我会想为什么要这样使用名片。我的答案是，它们易于携带，且不需要额外包装。我特意使用对方的名片来记录我们的谈话。回到家后，我总是记不住 XYZ 公司的盖瑞是谁，而他做的事可以帮我回忆起来。谈话结束后，我必须立马把谈话内容记录下来；我的笔记很简洁，但我一定会记录我想要进一步联系对方的原因。

你不必记录太多信息，但你必须记录与对方约定的联系时间和原因。对方可能也不记得你是谁，如果你做了记录，与他联系时他会很欣赏你。

特殊信息之所以特殊，是因为它有助于你建立合作关系，最终与对方达成交易。确保你明白你期望从业务关系中获得什么。不要与你见过面的所有人都进行联系；这样做，你就没有时间认真处理真正可以赚钱的业务。

我只记录我感兴趣的信息，这样我可以继续跟进，与对方进行简单会谈，看看有没有合作的可能。如果我无意购买某个商品，或出于某种原因，我不想和对方见面，我会把名片放在一个单独的位置。我从来不丢弃宝贵的联系信息。

我有一个大型数据库，里面都是联系方式，每天我都会添加联系人进去。我还在联系人档案里做记录，比如，合作可能性有多大，对方需要从我或我公司这儿获取什么服务。不是每个人都会成为买家，但每个人都知道谁可能是买家。

120. 设计要引人注目

你只需要一张名片，但要引人注目，
并确保名片内容正确无误。

本章最后一个话题讲述名片设计。我之前提到，你可以用自己的电脑做一些名片。不过，我建议你花些时间和费用，把名片设计得专业一些。

雇用一个好的设计师一开始成本会较高，但随着时间的推移，相比使用名片产生的业务量，你雇用设计师的成本就显得微不足道了。你的名片应该设计简单而清晰，让客户易于与你取得联系。

名片上应该说明你的业务范围和专长。很多名片让我觉得疑惑，名片主人或其所在公司的业务范围都不清楚。例如，在我们当地的一个筹资会议的会议厅，我收到了很多供应商的名片。有一多半名片上都只有像“天康股份有限公司（Tecon Incorporated）”的内容。我不知道这些公司做什么业务，他们可以为我们提供什么商品。最后，我只联系了销售产品范围明确的公司。

看一看自己的名片。它是否清楚说明了你的业务范围？如果你离开时把名片落在了潜在客户的办公室，有人捡到你的名片，他/她能搞清楚你做什么业务吗？他/她会看你的名片吗？

如果你的名片设计得很好，信息也很明确，别人就会觉得你很专业。写明你的网址和邮箱，也是让潜在客户与你联系的一种方式。你的办公用纸和网站及其他信息都应精心设计，且和名片信息保持一致。呈现给你客户的信息应该是一致的。

一定要记住

1．携带一张名片——只带一张名片可以让别人了解你做什么业务，或者深入了解你专长所在。不要发多张不同的名片，这样对方会混淆，除非这些名片专门用于预约，邀请或宣传。

2．座右铭和信条——你知道你公司的座右铭是什么吗？你有座右铭吗？你怎么能轻松地记住它或者拿来用呢？如果没有，就创造一个，并遵循它行事。座右铭是一段话，有助于你保持言行一致。

3．将公告制成名片——使用专门印制的名片，宣传你公司的新产品或服务。甚至可以用名片来介绍新员工及他们的特长。

4．将名片用作活动入场券——如果你想参加活动的人数增多，将活动信息印在名片上。一定要把网址、邮箱和电话等信息也放上去，方便他们需要更多信息或有临时变动时与你联系。

5．将名片用作邀请函——如果你有一场活动，把活动信息印在名片上，要方便被邀请者把名片塞进自己钱包里。确保名片上有你的联系信息及活动信息。

6．赠品——每个人都喜欢赠品。人们收集你的赠品，但不会想到购买你的商品或服务。你需要思考可以让观众参与进来，并可以提高你的投资回报率的赠品和优惠券。

7．礼券——在很多大卖场购物时都可以使用礼券。在药店或当地市场，你会发现至少有 50 种不同的礼品卡待售。这都是很不错的交叉促销项目。同样，你也可以参与忠诚奖励计划。如何参与忠诚奖励计划，请参阅资源指南。

8．网络信息——于每个公司而言，网址和邮箱都是重要信息。当今经济社会，没有网络就不会有太多的业务机会。你的零售业务可能只需要观察客流量的大小，但要增加网络客流量，你就需要建个网站。

9．预约——使用名片提醒客户你的预约时间。一面印上你的联系方式，另一面印上你的预约时间。人们可以把名片放进钱包里，也更有可能准时赴约。

10．食谱——食谱以及任何和美食相关的东西都可以吸引人的注意。可能一个好的食谱不适合印在名片上，但食材及查找食谱的网站链接可以放在名片上。如果你打算做美食，而购物清单就刚好在你手中，没有什么比这个更方便的了。

11．小贴士——只要你的目标受众觉得小贴士有用，就可以把它和你的业务（优先考虑）联系起来。如果小贴士有用，人们自然会保存。

12．名言引用——收集别人的名言，同时确保记录名言出自于何人。把名言放在你的社交账号、邮箱或名片上。

13．优惠券——这样使用名片很巧妙。名片一面印上产品的所有优势，另一面印上优惠券代码，并标注有效日期。

14．记录特殊信息——使用名片的背面记录对方的相关信息。名片的空白不充裕，因此，记录的信息要简洁。如果你突然捕捉了什么，会谈结束后立马做记录。你可以把这些笔记放进你的档案管理系统中。

15．设计要引人注目——设计打印名片要专业。如果名片为自己制作或者轻薄且边缘不整，客户会很容易注意到。也就是说公司标志和名片的外观要和你想要向外界传递的形象保持一致。

问题列表

你有几张不同的名片？ ______________________________

所有的名片中，哪一张为你带来的收益最多？

____

____

你公司的座右铭是什么（不是业务描述）？

____

____

____

____

你能用名片宣传什么活动或产品？

____

____

____

____

如果你的公司有赠品，赠品是什么，为什么一个潜在的客户会想要你的赠品？

____

____

____

如果你要使用预约名片，名片上会放哪些信息来提醒你的客户？

____

____

____

____

你可以给你的潜在客户什么特殊建议，让他们在你公司业务范围内遇到问题时，决定咨询你公司？

____

____

____

____

发挥想象力，名片上还能印什么信息，可以确保你的名片不被扔掉？

____

____

____

第 9 章　网络互动

互联网时代如果你不使用互联网，肯定会失去机会。互联网为我们提供了丰富的平台，我们可以在这里展示我们的产品和服务，这样比我们通过参加社交活动吸引的客户要多。

要获得真正的成功，你需要将面对面社交（在社交场合）和互联网推广结合起来。你在活动中见的人会成为你的互联网战略的一部分，但是你要收集他们的联系信息，包括电子邮箱地址和网址。

本章我们将探讨网络如何改变你的销售技巧，如何使用互联网，形成网络联盟，发布新闻，为你提供商机。

我们还会探讨如何使用跟进技巧举办在线研讨会，并获得重要的在线订单。

121. 网络

如何才能在网络上得到关注?

如今，大家都知道，网络是必需品。几乎每一个客户与你会谈时都会问及你的网站。参加任何社交组织时，你也可能会被问及这个问题。他们为什么要这样问?就是为了核实你说的话。

网络可以证实所有电梯推销及首次见面时你的夸夸其谈。当我第一次开始重塑自己，希望回归我的咨询师身份时，我拜访了一位合伙人，我们在一些有趣的项目上有合作。我们正在进行的合作项目被取消了，我告诉了她我的想法。我把我的私人联系方式告诉了她，她首先就看我的网站（www.BizMechanix.com）。虽然这个网站不是我的主要网站，她也足以从中了解到我的专长。我没有给她寄宣传册、我的简历，或花时间向她讲述我的个人信息。我所有的资料都可以在网站上找到，也可以下载 PDF 文件。有句话虽然不必说，但我还是要说一下：不要把你不想让公众看到的信息放在网站上。

我们要确保的一件事情是，我们网站上要有关键字和描述信息。这样，我们可以注册搜索引擎，填写我们的网站信息，当人们搜索的时候，我们的页面就会出现在搜索结果中。输入我的名字，搜索引擎也会显示我的网站。实际上，我对所有网页上都有我的名字感到惊讶。把你的姓名输入搜索引擎，比如谷歌，看看你会得搜到什么。如果没有出现你的相关信息，花些时间找出原因，并采取些应对措施。客户和潜在客户越容易找到你的网站，你的业务机会就越大。

网站就像一个电子手册；它可以囊括你的名片信息，以及所有你帮助客户解决问题的信息。网站是一个重要工具，你应该学会如何使用。

122. 销售技巧忌高调

建立业务关系时，倾听比讲话更重要。

网站可以显示有关你业务的大量信息，甚至可以回答你老客户的问题。网站是个好平台，无论是当前客户，还是老客户，都可以在这里发表评论，进行评价。网站是个好平台，还因为你可以通过它销售产品或服务。有很多文章说，在线销售量不乐观，不及传统的销售渠道，比如零售网点。虽然这种说法部分正确，但互联网仍是个很好的平台，可以让客户更好地明白你的销售技巧。为了推销自己，你可以自我鼓吹，并以一种非常专业的方式说明你的业务值得信赖。

推广的时候，确保客户可以绕过无关信息，直奔问题要害。我讨厌那些花费大量时间炒作，并用销售技巧迷惑我的网站。通常，我访问网站是为了获得更多公司相关信息，了解公司领导、业务范围、公司地址、工作时间、办事指南、公司介绍等，以及该公司对我的业务有何益处。如果一个网站显然只是为了向我推销，我通常会访问另一个公司的网站，获取我想要的信息。人们访问网站是为获取信息和建议；他们不会去看你的炒作新闻。把你的说明信息都放在网页上，让他们来你的网站访问。

有些网站可以设计得很花哨，但是你在做业务时，要直奔主题。你分享的信息要免费，不要期待任何人在你分享信息之前，会在你的网站上填写邮箱地址。否则，他们就会去别的网站。

123. 网络联盟

筛选出一些跟你联系的人进行合作，因为单枪匹马并不总能成功。

仅凭网站自身还不足以让你受到关注。你需要做出更多努力，让你的网站为更多人所知。以下是三个你可能会喜欢的办法。

首先，找到一家适合你开展业务的企业，把你的信息放在他们的网站上；你可能也需要把他们的信息放在你的网站上。不过，要确保这些网站与你的网站有一致的商业价值取向。个人而言，我一般不使用其他网站，除非对双方都有用。

其次，要确保你在网络新闻组保持活跃状态，比如你专业领域的雅虎新闻组。新闻组不是让你吹捧自己业务的平台，但这个平台却可以让你提供免费咨询，让自己得到关注。一定要确保你加入的新闻组，以及你提供的建议与你的业务模式相匹配。

第三，要把你的网址印在分发出去的所有材料上，我强调的是所有材料。你的名片、信笺、信封、宣传册、白皮书、你写的文章，所有的广告宣传品、捐赠物品以及所有企业名单，都应该印有你的网址。除了在网上做自我推广，还要推广你的网站。想让人们访问你的网站，进一步了解你及你的业务，就一定要确保每条业务线都有一个独立的网站或网页。

有些人在其网站上出售商品，还加入了类似于“指令交易”的组织。加入“指令交易”后，你可以为你的网站设计一个横幅，可以销售更多商品。你也可以把你的商品放在列表中，供客户选择。这种方式不会为你带来很多利润，但它是一个销售渠道。

124. 提供免费服务

付出就会有回报这种说法并不一定正确；你必须与公司建立合作关系，然后才会有优质的与会者或参会者来了解你的免费服务。

俗话说，要抓住一个人的心，先抓住他的胃。是这个道理吗？对女人来说这方法也可行吗？是否可行，抓住网站访问者内心的是免费信息和免费产品。仅靠免费信息还不足以吸引他们访问你的网站。这些免费信息必须有实质性内容，且有价值。网站访问者会不断思考，“这对我有什么好处？”如果你提供的免费信息有价值，就会很快被传播出去。你的服务可能包括免费培训、白皮书、免费咨询，甚至还有手册。即使你提供的信息是有效的，仍有必要必须告诉大家这些免费信息的存在。

我丈夫为国际扶轮社做了很多志愿工作，也是地区网站管理员。他在网站上放了几百页的信息，为所有分社提供有效用品。尽管有些信息可以广泛使用，也有部分信息让人很难理解它们为什么会被放到网站上。他花了大量的时间来证明该网站的价值。甚至还在网站上发布免费在线学习的材料，以便访问者学习如何使用应用程序。向人们证明网站的价值需要费一番工夫。

最后，过了几年，几乎所有的分社都在使用该网站。现在，他们要提交活动的有关信息，这样他们的分社才会参与到过程中。你应该以同样的方式观察你的网站。对你的客户来说，网站是获取免费信息的工具，你提供的这些信息越有价值，他们就会越多地访问你的网站。如果你的免费信息仅仅是为了推销，他们就会纷纷离开。

虽然不是为了征服其他信息提供者，你网站的信息也一定要丰富。网站导航一定要便于访问者找到他们想要的东西。如果你有更多专业信息可以提供，考虑下把它们与时事、其他有新闻价值的事件结合起来，做成简讯。

125. 广发简讯

按照时间轴发布简讯会便于你对它们进行管理。

虽然发布简讯是个好主意，但不要太心急，否则容易随波逐流。几乎所有人都在发布简讯，但是并非所有人都能做得好。发布简讯过于频繁会让受众感到心烦，除非简讯全都是有用信息。只有你公司的合作伙伴认为你的信息有价值，才会持续订阅你的简讯。

即使你有很不错的信息可供分享，你仍必须考虑整合简讯耗费的时间。如果你做的是每日简讯，需要花费至少 3 个小时整合，还要用几个小时编辑、润色及答复。如果，你认为每周简讯更好，你还需要花费一样的时间，只是你要做的是每周简讯。你还需要确定周几发布简讯。有些时间会比别的时间更容易获得阅读量。你需要做些研究，调查向目标受众发布简讯的最佳时间。

如果你做的是每月简讯，那就更像是在线杂志。仅仅几篇好文并不能满足人们的期望；你还要添加一些图片来映衬你的文字。你还需要研究人们发布的背后原因。每月简讯有时候很容易，但是你必须确保文章符合你的业务理念。制作每月简讯的工作量往往比预期要多；为了准时发布，你可能会想要至少提前三个月了解所有新闻。

制作简讯需要保证时间，并付出努力。如果你承诺每天或每周或每月的某个时间发布，就要准时发布。否则，你的信誉就会遭到破坏。这个问题可以通过撰写白皮书的方法进行解决。

126. 下载白皮书

人们喜欢有价值的白皮书。
说明你的专长，让自己成为话题的主人公。

正如我们提到的，简讯耗费大量的精力，需要有工作计划、时间轴和其他真实的重大事件。如果你认为这些要求太高，那就考虑写一两份白皮书。

白皮书是信息型的论文，厚度可以是 2～10 页。白皮书不是论坛，你不能宣传你的公司或公司产品。但是，你可以利用它展示你的专长，并提供免费咨询。白皮书给你的观众提供学习的机会，而不用担心后续的跟进电话，白皮书也不是赤裸裸的推销。你可以免费下载白皮书，以此作为收集联系信息的方式。要到客户名字和邮箱后，给他们发送白皮书。

我以前工作的公司有这样一个白皮书，名为“销售之七宗罪”。该书只讲了销售的弊端，及不利于交易的原因。它被下载了数千次，还有很多人咨询，想要进一步了解培训项目，这个项目关系着销售业务。该公司做得非常好，通过白皮书赢得了新客户。

你会在白皮书里放什么专业知识？你能给出什么建议？

内容格式要简单。在网络上搜索白皮书，参照它们的格式，选择一个适合你的。

白皮书有助于打造你在专业领域的专家形象。如果你的专长是写作，且可以随意发布，人们会更容易与你联系以获取更多信息。你可以通过举办主题研讨会，进一步宣传你的白皮书。

127. 活动注册

创建运转顺利的灵活注册系统是留住顾客的关键。

如果你使用过这样的系统，就会明白，注册是件费神又麻烦的事。如果是一个大型活动，你可以使用计算机系统来进行注册工作。之所以有人在网络上进行注册，是因为它可以用来让人们注册阅览你的简讯。

网上注册可以激发人们去访问你的网站，再浏览注册页面。这样，他们注册的同时可以了解到你的身份及业务范围。

不幸的是，不是每个人都会在网站上注册，你需要手动输入一些姓名。如果你并没有期望会有很多客户，那么你的任务就不艰巨，但是对于大型活动来说，需要采取不同的方式处理活动进程。像 Acteva.com 这样的网站就把这个过程处理得非常简单。

当我为电力营销研讨会筹备行政早餐时，我让人们在电力营销网站进行注册。这是他们唯一的选择。我发现很多人想注册，但对计算机操作不太了解。我给他们发邮件，询问他们的信息，然后替他们注册。只有极少数人不想由我们代替注册。不过现在移动互联网时代注册这一环节被设计得越来越简便了。

长此以往，你会希望让人们为活动在线付款。如果你不会在线使用信用卡，你可以使用支付服务，例如贝宝（PayPal）。它会接受你的订单，处理信用卡相关事宜，甚至将钱存到你的银行账户里。

128. 提示和常见问题解答

提供手册和特别提示，以增强客户体验。

你在产品的用户手册方面花费了多少？你的客户花费了多少？你的客户跟你联

系，咨询用户手册中有答案的常见问题的频率大吗?

这些问题的回答可能各不相同，但是有一个简单方法可以为客户提供他们需要的信息，即为他们提供在线用户指南。你需要进一步改进指南，使其效果好于印刷版本，但你额外花费的时间不会白白浪费。

这些在线指南可供客户免费查询，不会占用你宝贵的电话线和销售时间。虽然这种与客户联系的方式很理想，用户指南中的信息也全都在，但你往往还需要给他们提供很多帮助。这里提个醒，虽然用户指南有相关信息，但人们还是会打电话来咨询。

如果你提供了在线信息，你接到的电话就会少一些，收到的咨询自然也会更专业些。这样，当你的客户遇到更专业些的难题时，你就能更好地服务于他们了。你也不用浪费时间查找那些常见问题的答案了。我不是说要你劝阻客户打电话咨询；只是减少常见问题的电话咨询，这些问题在网站上或在线用户指南中就可以找到答案。

客户总是很喜欢那些易于查找和易于理解的信息，如果你提供在线指南，还要考虑显示或保留旧产品的产品指南。事实上，新产品出产后，人们依旧会保留并继续使用旧产品。他们还会打电话向你寻求替换零部件或者只是维修方面的帮助。要向客户提供服务，并保持业务关系。

129. 活动邮箱注册表

确保列表中的邮箱都已同意接收你的简讯。

活动邮箱注册表类似于简讯订阅。对人们进行调查询问，是否愿意接收特殊活动或者促销活动的邮件通知。虽然有人认为，你会给他们发送垃圾邮件，你可以告诉他们，你不会把这些邮箱信息转售给任何人，只是为开展活动方便而已。你的工作就是确保不滥用特权，让他们注册。

不要拿你手中大批的销售列表和活动通知引诱人们注册；要确保你对邮件通知做了规划，告诉他们预期时间。和简讯一样，你要告诉他们是按天、周还是月或者其他方式发送通知。你还要告知他们哪一天会收到通知。

我知道通常情况下，你在网上很少会看到进度表，但是你会发现客户对进度表很感兴趣。它可以提醒他们关注通知，因此他们很有可能会阅览进度表。如果你希望他们阅览并有所行动。那么，为你的邮件做些进度安排，引诱刺激他们吧。

如果人们同意添加邮箱地址，他们也会有删除的想法。告诉他们，任何时候他们都可以这样做，并附上链接，以便他们继续操作。我毫不费力地从一些公司列表中删除过自己的邮箱，但有些公司却十分麻烦。你可以想象得到，我很尊重那些让人轻松删除邮箱的公司，但对给人添烦的公司就完全失去了耐心。换个角度想，人们变更了邮箱地址，他们需要一个简单的方法来删除旧邮箱，并添加新邮箱！

130. 电子书

提供给客户的电子书只能是与培训项目相关的，
而印刷版的手册还要继续印发。

你读过电子书吗？或者至少读过别人发给你的一到两个章节？如今电子书阅读器很常见，还有电脑、智能手机或平板电脑的程序应用也唾手可得。大众已经接受电子书就是既有文字又有插图的普通书籍。如果你要制作电子书，你要注意到网络的力量。

你可以用 HTML 和图形做很多创造性的事情，制作成一本在屏幕上活灵活现的书。说服自己以文本格式写电子书，然后以长文本的形式把它复制到网页上。一定要使用照片或图片，让你的文字显得富有活力。要让你的电子书，无论任何形式，在任何设备上都可以阅览。

你可以让电子书真正有影响力；你可以通过互动式清单为读者提供书单；你可以让他们填表，确认跳跃到材料的其他位置。电子书还应该包括参考文献的链接，便于读者获取更多信息，而不仅局限于从材料中获取的信息。你可以发挥的可能性是无穷无尽的。如果你要制作电子书，发挥想象力，让电子书成为读者想要反复阅读并推荐他人阅读的材料。

读者的参与不仅印证了你说的话，而且让他们有机会掌握材料。比起只读材料然后将其丢弃在书架上学到的东西，通过实践学到的东西通常更牢固。让你的读者参与到你的故事中来吧。

131. 博客文章

你的网站并不是唯一可以发表专业意见的地方。
你也可以留心下其他网站。

你的网站对你来说是最重要的，但给别的网站做贡献也很重要。我的意思是，写一些别人可以用来发表的文章，加入新闻组，撰写评论，写其他新闻稿的驳论文，或者博客意见书。

要传播你的名字，让你的专业知识得到认可。如果你只局限于自己的网站，你就只是在你自己的网站出名而已。除非你以低调的方式向别人推销自己，你永远不会被看作是所在领域的专家。

你可以以打印材料相同的方式发送新闻稿、电子简讯和电子杂志。你也可以以游客的身份浏览专家博客。你需要与平面媒体跟进新闻稿，同样，网络也需要如此。虽然查找电子媒体编辑的联系信息有点难度，但是与他们沟通往往都通过电子邮件。如果你只是发邮件问问题，“您收到我的新闻稿了吗？”对方可能不会回复你。但是，如果你能找到他/她的私人电话号码，你会发现打电话会加快你的进度，你的新闻会更快得以发布。

如果电话邮件并用：在联络表格里写明你的要求，发送邮件，再进行电话沟通，这样效果会更好。你要让收件人相信你的专业知识，而不是你的炒作。确保你知道两者的差别。

更妙的是，你发现你获得见面的机会。电子媒体往往早于平面媒体发布。要获得更多业务机会，你就要这样把你的名字和专长显示在订阅者眼前。

发送反驳文章测试一下，看能否得以发表。同时也要邮件电话一起联系平面媒体。你还可以在特定的网络电子杂志发布公告，以便他人阅读你的文章。

132. 吸引客户

人们希望专家的言论可以吸引并警醒他们。

大多数专家喜欢与他人分享自己的知识。虽然专家们不会舍老本给出太多咨询意见，但他们会提供一些免费咨询。如果你想被认可为专家，你提供的有用信息越多，访问你网站的人就会越多。你要吸引他们经常访问你的网站。咨询他们喜欢何种信息，征询他们的反馈意见，然后对这些反馈进行跟进。告诉他们你会倾听他们的意见。将他们的意见放在下一次的简讯里。让他们浏览你的博客。要随时回复并更新信息。他们会告诉所有的熟人你的网站更新了信息。

让你的听众对简讯进行评论，这样可以保证他们对你进行持续关注。每次你发出消息要寻觅文章时，如果问对了论坛，你就会收到很不错的回复。或者，加入有作家的新闻组，告诉他们你要整合电子信息，想要报道某个特定的主题。出版付费与否则依据你的想法而定。总之，你不会对收到的回复感到失望。

除此之外，你可以独立撰稿，你也可以和其他作者合作，以减轻工作量。观察一下作家市场。有很多公司都在尝试通过电子媒体寻觅好文章。你也要如此。如果你提供酬金，你就更有可能会收到回复。

简而言之，要吸引人们对文章的兴趣，给他们机会进行评论，以改进你的简讯。

133. 跟进网络文章

更新网络文章和评论。

如果你花费了时间和精力在新闻组和其他网站上发表文章和评论，你就需要跟进你发表的信息。你很清楚，信息很快就会过时，一旦你的数据和信息发布超过一个星期，它就会成为旧新闻，无论它多有价值。

你必须置顶你的文章，并保持更新。你肯定不希望你的文章在最底部，人们读到的都是竞争对手的文章。这里有三个步骤帮你避免这种情况。

第一，发表文章时，要在电子表格中填写诸如 URL（网址）、文章撰写日期、文章标题、你的评论。

第二，根据日期按天或周分组整理列表。确保最早的文章排列在列表的顶部。然后点击你放在电子表格中的链接，看看是否还可以添加别的信息或是否可以更新。更新内容并不一定要很长，你可能只想改变几句话或一个日期。

第三，一旦更新了信息或添加了新内容，要标注新日期，并说明你更改的内容。

务必要了解所有人的网站！

跟进是对你的专业知识的陈述。这也表明，你对新闻组发生的事情真正感兴趣。不要为你的更新做广告！只需要给出更多建议和联系方式。

134. 在线订购

确保你知道卖主是谁，否则你会经常收到垃圾邮件。

转换下角色。假如你现在是客户，你想从你的网站买些东西。如果你知道你买的物品要几天才会发货并到货，那么网购时就失去了即时的满足感。

现在感受下，为网站设置导航，方便客户找到购买网页，对客户有多方便。如果网购太麻烦，做下记录，并对网站做出变革。客户越容易找到商品，他们就越容易购买你的商品。

我曾与一个客户打过交道。他的网站装扮得很漂亮，但导航和滚动条很不方便顾客购买商品。有些链接打不开，或者回不到主页。如果他们把这些设计得都很方便（我们给他们提过建议），他们的销量很可能就会增加。

除了方便，你还需要留心网购时网站是否安全。如果一个网站没有安全的服务器来处理支付款，我就从来不输入我的信用卡号。如果网页右下角有把锁，网站就是安全的。如果没有锁，我就去别的网站消费。还有一点要注意的是，网购之后要进行跟进。我很少收到网购卖家的回馈。如果你对买家有回馈的话，他们会很欣赏你的做法，并很可能会成为你的回头客。

大多数网上商店，比如亚马逊，会发送电子邮件确认订单。这样，客户有机会改变或取消订单。亚马逊还会发送邮件，通知该商品已发货，并告知预计到货日期。顾客可以很容易地跟踪商品物流状况。

关心并为你的客户提供便利。他们想了解商品价格，何时到货，是否需要付运费，以及总的费用。他们希望你能跟进订单，以确保他们买到想要的商品，收到的商品完好无损。

135. 刺激犹豫不决的顾客访问你的网站

抓住每一个机会吸引人们访问你的网站，
并确保网站有他们想要的商品；否则，他们很快就会“飞走”。

现在，有了顶尖的专业网站，关键字丰富，网购环境也安全，你就可以开始你的在线业务了。你还需要宣传自己的网站，宣传任何新产品或服务。你需要组织公关活动，比如包含图片和链接的专业邮件通知。你需要给所有当前客户、朋友和熟人发送邮件，但只发送给你认识的人。同时还要准备发布新闻，宣布新网站成立，并说明网站的特别之处。还要把新闻发送给电子媒体，就像前面讲过的。

你的打印材料上应有网址和通用（或你自己的）邮箱。如果花钱在报纸上做广告，你还需要把你的网址或者邮箱放上去。我总会把我的邮箱放上去，因为我想要人们无论从哪里看到我的广告都可以向我咨询。我使用的是通用邮箱，如info@BizMechanix.com，所以我的个人邮箱不会被骚扰。如果你赞助了一个活动或给予了捐赠，要确保你的网络信息有提到捐赠，或者有赞助活动的署名：不要觉得不好意思，要让它随处可见！

到目前为止，我们讲到了网络营销的多种方法。你肯定也注意到，网站是吸引潜在客户的好方法。建立业务关系之前，你需要做三件事：

第一，化学反应。化学反应就是说，你喜欢这个人，而且可以与他相处。

第二，诚信。用现实生活中的例子支撑你讲过的话，并举例证明你的业务，人们会看出你是否讲诚信。如果你吞吞吐吐，建立业务关系就不太可能了。

最后，必须要有适当的业务条件。如果两家公司不匹配，寻求业务关系也就没有任何意义了。网络可以帮助你更多地了解其他公司，他们也会以同样的方式更多地了解你。

一定要记住

1．网络——如果你没有网站，那就建一个。不要独自摸索，要聘用专业人士。把你的业务专长放在网站上，并附加客户评论和产品或服务的网购地址。

2．销售技巧忌高调——炒作会让客户敬而远之；而给客户提供免费建议和货真价实的信息，人们就会花时间购买。事实是，大多数人不喜欢被人说服来购买东西，他们想要自己做决定进行购物。

3．网络联盟——找到你喜欢的在线业务进行在线交易，在新闻组保持活跃，并提供免费咨询；把你的网址印在所有材料上。推销自己，同时也会招来联盟的机会。

4．提供免费服务——所有网民都会想，他们可以从你的网站获得什么好处。提供免费信息，如培训、白皮书、咨询和简讯。只要你的信息有价值，就会有用户关注你。这些用户往往会成为你的客户。

5．广发简讯——网上有成百上千的简讯可供订阅。简讯的发布频率可以是每天、每周、每月或每季度——要把简讯做好，你至少需要 3 个多小时，如果更新不频繁的话就需要更多时间。做简讯之前，决定好发布频率——因为你可能还需要用其他方式与客户沟通。

6．白皮书下载——白皮书是收集联系信息的一个很好的方式，因为大多数都会下载他们感兴趣的题材的白皮书。考虑好什么格式适合你，然后制作 2～10 页的白皮书，为客户提供免费建议。

7．活动注册——举办活动也是一个获取联系信息的好方法。让人们通过在线服务进行注册是最好的办法，这样你可以轻松地跟踪注册情况，并花费时间增加客户注册量。

8．技巧和常见问题解答——把用户指南总结成一些常见问题放在网站上，节省接听电话求助的时间和金钱。你还可以添加如何使用你的产品或服务的提示列表。

9．活动邮箱注册表——让你的客户和订阅者输入邮箱，以便接收你近期举办的活动通知。告诉你的客户你计划何时发送通知，以便他们查收邮件。

10．电子书——没有什么会像出版物一样可以展示你的专长。需要花费一些精力整合你客户或者潜在客户感兴趣的新闻话题，但是，新闻一旦整合好，你就可以进行规划，每天在出版物上添加一些内容即可。要确保电子书在所有设备上都可以阅览（电脑、电子书阅览器、智能手机和平板电脑）。

11．博客文章——评论博文可以传播你的专业知识；在简讯里放入文章，不要放你自己的文章；以客户的身份去浏览博文。你可以做的还有很多，你的专业知识被认可也是很宝贵的机会。

12．吸引顾客访问你的网站——专家提供的免费咨询和有用信息可以使你获得忠诚的订阅用户。收集驳论文、评论和其他材料，发表（你编辑的）文章，保证客户会再次访问你的网站，以获取更多信息。

13．跟进网络文章——跟进可以创造财富。大多数组织不采取跟进措施，但是你应该这么做。你的订阅用户及产品或服务购买者数量不同，你的跟进效果也就不一样。一定要保持跟进！

14．在线订购——要让在线下单易于操作，鼠标单击一两下就可以买到想要的东西。购物过程越复杂，你的客户就越来越少。要让人们轻松消费。

15．刺激犹豫不决的客户访问你的网站——聘用专业人士帮你建立网站，优化搜索引擎，使用合适的关键词。把你的网址打印在**所有**材料上。做好现场促销，并让客户访问你的网站以获取详细信息。竭尽全力增加网站访问量。

问题列表

你的网站上公布了什么信息？网站上的信息是否和你与潜在的商业伙伴交流的信息一致？

____

____

____

____

为收集客户反馈，你的网站提供了什么信息？

列出与你结盟的公司，并标记出那些你已经在你网站列出名字或标志的公司。

客户可以从你的网站获得哪些免费服务或产品？

如果你要发布简讯，简讯重点是什么？

你的网站上都有哪些技巧和常见问题解答?

____

____

____

____

你的公司是否有博客? ________________________________

你觉得什么类型的讨论适合你的公司博客?

____

____

____

____

列出尽可能多的原因，说明为什么客户或潜在客户会再次访问你的网站。

____

____

____

____

____

____

第 10 章　社交场合，如何使用印刷材料

即使现在大多数人都依赖智能手机、平板以及电脑，社交场合中依然有很多使用印刷材料的机会。如果充分地使用印刷材料，那么你的网站访问量将会增加，销量也会随之提高。

社交场合中，印刷材料主要用于投放广告、推广活动及鼓励人们参与活动！上一章已经介绍了新闻报道和简讯的相关内容，本章将对以上内容进行回顾。

目前，你使用了哪些印刷材料？你最可能用到的印刷材料就是名片。你是否也印刷了宣传册、明信片或礼品？

印刷材料中的内容需要引导人们访问你的网站。网站上的内容要与印刷材料中的内容保持一致。

本章将以不同的视角讨论之前的话题。请你准备好了解更多关于核心业务、电子邮件地址、新闻报道、简讯、报告、白皮书、广告，以及书籍方面的内容。

136. 核心业务的重要性

如何使用名片建立核心业务?

参加社交活动时，一次只专注于一件事会取得更好的结果。有效使用名片是在社交场合中获取注意力的关键。大多数人会在社交活动中交换名片（现在基本上是扫二维码加微信），而大多数名片的印刷风格也大同小异。这些名片或是白底印有联系方式和公司标志的卡片，或内容繁琐无法让人一下子看完。因此，你必须要有与众不同的名片。人们可能希望在名片的背面做记录，因此要确保你随身携带着一支可使用的笔（闪亮的名片做记录的效果不好），以及名片上有足够的做记录的空间。

我为国际电力市场工作时，使用过其名片。该名片设计专业，商标和图案都很精美。其本身就让人们夸赞不已："哇，好漂亮的卡片！"人们的夸赞让我开心不已。该名片背后还印有更多的图案，但仍留给接受者足够的空间写评论或做记录。社交活动结束后，我总是第一个联系客户，而且客户仍对名片夸赞不已。这样的名片给客户留下了多么持久的印象啊！

名片是你的自我介绍。如果你观察日本商业的运作模式就会发现名片不仅仅是一张电话卡，而是一次自我展示的机会。日本人花时间赞誉你的卡片，其实也是表达对你的一种尊敬。名片是你身份的象征。他人和你交换名片表示其有兴趣和你开展业务。

在美国，我们发出大量名片却不知道拿到名片之人的身份。我总是会记录获取我的名片之人的身份和时间。这样，如果我跳槽或更新了名片，我就会有一份已经做好的可寄送新名片之人的名单。这是一种极佳的增加和客户接触机会的方式。

名片上的信息和名片本身一样重要。要确保与网站相关的信息都包含在名片中，比如你的网站地址和电子邮件地址。没有这些信息，人们可能会扔掉你的名片！你使用名片的目的是建立业务关系，而不是加剧关系恶化。

137. 电子邮件地址的重要性

如果他们确实想让你联系他们，就会将电子邮件地址印于名片上。

当今时代，通过电子邮件进行联系已经十分常见。电子邮件是一种既可以快速联系他人又可以快速删除联系人信息的联系方式。如果你已有电子邮件地址，那么信息流会比以往更快。我们公司的许多客户都使用电子邮件交换信息。他们通过电子邮件发送图片、召开公司会议、甚至编写培训材料。客户基本已无需进行面对面的交流。电子邮件的使用解决了距离远的问题。

我与我的孩子始终保持联系。他们居住在不同的城市，不同的省份。我每天基本都用 Skype 和电子邮件与他们进行交流，而且使用电子邮件十分便捷，因此我们可以互相留言之后再进行回复，花费也非常低。如果企业不使用电子邮件处理订单、发送信息和及时发货，企业将难以存活。一个企业需要有特定的与其网域相关的电子邮件地址。例如，如果你所在的公司是 Blueprint Books，那么你就需要有一个 @BlueprintBooks.com 电子邮件地址，而不是其他免费的电子邮件地址。

例如，当今时代，你可能会使用电子邮件发送大多数的新闻报道。编辑们可能只有很少的时间关注这些报道邮件。但是，一些报刊，他们仍然希望收到新闻报道的传真。电子邮件也有其弊端。如果你注册了某些通信工具，你可能就会进入其邮件列表，然后收到垃圾邮件。我只注册那些声明其不会泄露客户名单的通信工具。实际上，我在通信中使用不同的电子邮件地址以确保我的私人邮箱不会收到垃圾邮件。如果你有自己的域名（网址），我建议你也采用同样的方式。使用一个地址注册通信工具，另一个地址开展业务。

所有关于网站的信息，如你的电子邮件地址都需要印刷到印刷材料上。这是一种潜在客户可以放心与你联系的方式。客户会感到通过电子邮件联系比通过电话联系舒适。有时候，你需要先发送电子邮件，然后再打电话进行联系。如果你发送了一篇新闻报道，那么你就可以采取上述方式，那么为什么不让其他人也用这样的方式与你保持联系呢?

138. 新闻报道

在新闻报道中你可以夸耀自己的专长，
让人们从话题中了解你。

关于新闻报道要记住的第一点就是你只能使用标题吸引记者或编辑的注意力。如果你没有成功吸引他们坐下来阅读你的新闻报道，那么该报道可能就会被扔进废纸篓。你需要花时间想出一个别致切题的标题以吸引读者继续阅读全文。

抢头条的最好方式就是阅读目前报纸上的头条新闻。该报纸报道的头条新闻是什么？你可能会发现对某一报纸极其重要的话题在另一份报纸上地位却完全不同。遇到这种情况，你该如何应对？你只需要更改标题以使其匹配你发送报道的各个报纸的要求。找到合适的风格需要花费诸多精力进行大量的研究，但最终是可以完成的。

新闻报道有五大基本因素：何人、何事、何因、何时，以及何地。据说使用统计数据以论证你的观点是赢得注意力的另一种有效方式。如果你的标题与财富、健康或两性相关，那么其被阅读的可能性将会提高。关键是你需要认真研究你的标题并在发送给报刊之前让他人阅读获取其反馈。

你还需要一份媒体名单，以及阅读该标题记者的联系方式。你需要随时更新该媒体名单，因为该行业的人可能互相之间也有联系。一篇新闻报道不仅仅只能发布一个公告。在报道中你可以告知人们任何有新闻价值的新产品、新员工或奖项。不管你选择与大家分享的是何事，不要过分夸大或人云亦云。

139. 简讯

简讯可以帮助你与校友保持联系。

我们都希望有回头客，但是由于业务或服务本身的属性限制其不可能有回头客。

例如，我的一位客户只为一家公司售卖健康保险。购买保险后，他的客户不可能会再次购买。但这并不表示他不能追加销售简讯中显示的附加产品或服务。

保留客户并获取回头客的一种极佳方式就是及时为客户提供你的业务信息。最简洁的一种方式就是创建简讯并且至少每月发送一次。简讯是一种记录客户已购买的产品类型并通知其可利用的新产品信息的工具。

你访问的大多数网站都会让你选择是否通过邮箱接收其简讯。接收简讯可能会带来麻烦。有时候你很难判断你是会收到有用的信息还是广告促销。看一看这些网站目前提供的简讯。你也应阅读其中的过期简讯以了解其形式和信息的有用性。只注册那些对你有用的简讯。客户的想法和你一致。因此要评估你正在传递的信息，确保其涵盖了信息和建议而不是促销广告。

如果你打算印刷简讯或通过邮件发送这些简讯，要确保你提供了满足市场要求的信息。只有少数人想阅读印刷版的简讯，因此电子邮件是分发简讯的最佳方式。我一般只印刷少量的简讯，然后将其带到社交场合分发给客户并鼓励他们如果喜欢这些简讯可以在网上订阅。

印刷费用高昂，因此最好限制简讯的印刷数量。要确保简讯流通量以及有足够的预算资金进行邮寄。如果你每周寄出 65 份简讯，花费较为合理。但是如果该简讯越来越受欢迎，那么你就需要赚取额外的收入以填补这些花销。因此，最好发送电子版的简讯。

140. 评论/驳论

如果你阅读了一篇文章而且有这方面的专长，
无论支持或反对，都给编辑发送一篇评论或反驳该文章的报告。
这是进入出版界的捷径。

让你的名字出现在刊物上已不是难事。不需要你撰写原始文章。你可以浏览简讯，查找与你的领域相关的简讯，然后写一篇辩驳或评论该简讯的文章发送给编辑。如果编辑认为你的言论有几分道理，他们可能会印刷你的言论并奖励你，同时也会公布你的身份（而且通常包含联系方式）。

一旦你在热门话题中发表数篇反驳或评论的文章，就会因此出名。这样，在相同的报纸或杂志中出版你的文章就会更加容易。你最好可以证明自己的言论。如果你不能对其加以论证，就会损坏自己的名誉，你肯定不想得到这样的结果。据说一个错误的言论可以毁掉数年的辛苦努力。不要让自己陷入这样的境地。

你想对哪些类型的文章发表评论？我认为从与你的业务相关的文章着手最为合适。获取名誉，让大众知晓你的身份和联系方式。擅长通过反对和支持某些言论以进行营销的大师就是赛斯·高汀。在搜索引擎中输入其姓名，看一下他的名字和哪些网站相关。他也出版过一部书，名叫《紫牛》（The Purple Cow），该书十分值得一读。在该书中他谈到了如何将自己从群体中区分出来。

针对任何文章，你都要确保自己有这方面的专长和经历以扩充现存材料的内容。如果你想让大家记住你的名字，那么就评论所有与你的业务链相关的文章并让编辑知晓你的名字。

141. 报告样本

当人们想免费获取你的建议时，给他们发送一份你的工作样本。你会惊讶于使用这种方式建立起来的关系。

事实上，生意场上的每一个人都希望得到免费的服务或产品。我与大大小小的公司都有过合作。每一家公司都希望免费获取我的信息和服务。我只能做没有利润的公益工作。但是即使在当时，如果产生了花费，我会试图让客户知道这些花费。如果花费了时间，那么你花费的时间也具有与产品或服务同样的价值。

有一次，我拜访了一位客户，他希望我帮助其处理网站方面的问题。我很开心地与我的同事一同前往以进行指导。到达时，我们才知道这位客户是之前我们已经介绍过相关信息的同一客户。由于第一次我们没有收费，他便没有注意我们完成这一工作的过程和指令。这次，我们在他身上花费的时间就是一个计费项目。我不喜欢被人占便宜，我想你也是。

要确保同样的事件不再重演，最好的方法就是编写一份报告样本，提供免费的建议。你唯一需要花费的就是印刷费和编写报告的时间。这些报告也可以放在网站上用于下载。

报告可以是一两页的常见问题解答，或是针对行业常见问题的详细解决步骤。重点是这些信息要具有可用性，这样你才可以腾出时间进行销售或从事其他能增加收入的工作。

很多号称报告样本的资料已名不副实。许多报告样本其实是号召人们购买服务的诱饵。“免费”一词不再表示真正的免费。许多具有创业精神和“自主创业”类型的杂志都提供免费的报告。问题是其中却包含有诸多附加条件。

举例来说，你需要向其发送送货地址以接收这些免费报告。但是如果你发送了，就会开始收到垃圾邮件。他们甚至有可能将你的信息泄露给其他人或通过广告商利用这些报告赚取利润。

你要确定使用报告样本是真正为人们提供免费的信息，而不是浪费他人的时间。如果你的材料足够好，且其中没有销售信息，人们就会返回你的网站获取更多信息。你仍需要建立一个完整的表格以获取他们的名字和电子邮件地址，为后续的交流做准备。

142. 白皮书

如何使用白皮书证实自己的专长？

白皮书是一份长度大约为两到十页的报告。它为客户提供关于某一话题的有用信息。白皮书不用于宣传产品或服务，也不是建立业务的工具。它仅仅是一份引导并告知客户你所从事的业务内容的报告。

例如，我曾与一家出售冬季滑雪板、滑雪装备、曲棍球装备和游泳装备的公司合作。他们正在建立自己的网站，试图寻找一种更好的在网上售卖产品的方式。我建议他们撰写一份白皮书阐明为各项运动挑选合适装备的好处，并在交易会和其他地方活动中分发这些文件。

这份白皮书没有为他们的产品做广告，但他们在白皮书背面印刷了店面信息。这种方式要求人们直接联系该商店以获取更多的信息。这份白皮书既让人们认为他们是该行业的专业人士，也是一种极佳的进行劝诱销售的方式。

如果你发现自己不能够编写这样的白皮书，请使用类似于本章末尾展示的白皮书格式，雇用一位作家填写相关内容。然后，你就可以为相关活动印刷这些白皮书，保留可用的电子版本。

如果你已经有一份白皮书，也可以携带白皮书参加研讨会。研讨会将进一步巩固你的专长。在研讨会上，分发白皮书和已经写好的简讯。人们可能带走所有印刷材料。所以要确保这些材料中包含你的网站信息和电子邮件地址。

143. 广告宣传物品

让你的名字无处不在——钢笔、铅笔、便签本：
一切潜在客户会使用的物品——让你的名字时刻出现在他们眼前。

印刷材料不必拘泥于简讯、传单、白皮书、书籍等物品。你可以创造任何可以进行宣传的物品。签字笔是常见的一种。想一想，人们经常需要借用签字笔。为什么不借给他们一支带有你的公司名字和信息的签字笔呢？如果你借给陌生人一支笔，其不假思索的留下这支笔的概率是多大？当然，因为这些笔上印有你的名字。你希望人们尽量保留你的签字笔。

有一次，我的女儿在某地填写表格时，随意拿起一支笔，而且无意中将其带到了家里。一个月之后，当她需要购买新的保险时，她四处翻找签字笔。偶然间，她在一堆废物中找到了这支笔。信不信由你，这家保险机构正好位于其所居住的街道。尽管这是一个小概率事件，但这样的事情确实发生了。签字笔确实提醒了你所从事的工作。

当你在社交场合中随意走动进行社交时，随身携带一些额外的宣传物品。如果你偶遇了一位潜在客户，就送给他一件礼品。如果该礼品是签字笔，无论你去哪里都要随身携带。总有人借用签字笔记录电话号码等信息。社交时，我经常找到潜在客户并分发与我的业务相关的白皮书。我希望自然地引导并告知他们我所从事的工作。这样是否有效？答案是肯定的，但是最初效果并不显著。这些白皮书在工作期间才会传递给他人，然后我才会接到咨询电话。宣传物品为潜在客户提供了足够的信息，让其更容易与你取得联系。这些宣传物品上要印刷你的姓名、联系方式和网站地址，而且这些信息要易于人们阅读。

宣传物品还有多种形式，你可以从当地产品中选择成千上万种的物品。目录册列出了产品的数量以及适用于各种公司规模的价格区间。你应选择一种与你的产品或服务相关的物品并强调你的专长。使用宣传物品进行社交的关键就是你希望被他人记住或引起他人注意。在这两种情况下，有用的宣传物品都会帮助你实现目标。你要力求宣传物品新颖别致，但在日常商务活动中努力做到提供有价值的物品更容易引起注意。因此要寻找独特、有用且能代表你公司的物品。

144. 提高生产力的秘诀

印刷媒体如何宣传提高生产力的秘诀？

最近，我收到一张售卖本地和长途电话服务的销售人员的名片。他的名片上提供了有用的信息：介绍了接打电话的礼仪。我将其钉在墙上而不是将其扔进大堆文件中以方便我能看见这些技巧。这张名片比较小，不会影响我张贴的其他文件。利用这样的方式使用名片真是一种极好的主意。你可以将其扩展，在名片中提供完成日常工作的捷径或更快的方法，甚至是加快进程的方式。当我从提供者手上收到这些技巧时，我也真心表示感谢。

另外一种我收到的独特物品来自于 Total Rebound 公司：Total Adventures 是一份年历，可以剥离，因此我可以将其粘于我的显示器底部。我在其他地方也见过这样的年历。这是一种可以节省时间查看日期的捷径，其也为我提供了提高生产力的秘诀。运用你的想象力创造可以帮助潜在客户或客户的信息。社交时，使用这些辅助工具创建会话，引导人们讨论。

印刷这些物品花销并不昂贵且有用物品的回报效益高。你一定希望让你的公司名字时刻出现在客户眼前。

分发建议、技巧、捷径等只是另一种获取潜在客户注意力的方式。这种方式为你（和客户）提供谈论业务的契机。谈话展开后，花时间进行第一次会面，了解更多信息。

145. 活动通告

为什么需要确保人们了解你的活动
且要使用印刷材料通知他们这些活动?

通告的活动可以是一场轻松的晚会，也可以是大型研讨会中一项艰难的任务。每一类活动都有不同的方式可以通知参与者。我首先想到的是发送邀请函。近年来，我几乎没有收到过邮箱寄送的邀请函，却收到了电子邮件发送的邀请函。实际上，我更倾向于回复使用印刷媒体寄送的邀请函。如果我收到了印刷的邀请函，我会感觉自己受到了特别的待遇。你也可以用其他方式使用印刷媒体以吸引人们参与你的活动。

如果前一百位参与者可以参与抽奖或得到免费的奖品，会有更多的顾客愿意参与你的活动。在这种情况下，你就不只需要进行口头宣传，也需要在新闻媒体上印刷广告宣传，或是在新闻日历页中也印刷活动列表。你甚至可以在社区公告栏张贴传单，为大家提供优惠或给大家发送邮件。如果你需要更多的客户参与活动，那么你需要采用多种方式吸引人们的注意力。不要只发送电子邮件，要将其和印刷广告及邀请函结合起来使用。

印刷媒体不仅是最便宜的通知人们活动的方式，其保留的时间也比电子媒体更长。删除电子邮箱中的邀请函比扔掉印刷的邀请函更加轻松随意。要记住人们仍然喜欢收到普通信件或邀请函，如果你的邀请函设计精美，人们自然会留意查看。

在所有的发出信息中一定要包含如果收到请尽快回复这一信息以追踪可能参与活动的人数。你要估算最后不会参与活动人员的数量。如果 200 人回复，最好预计会有 70 至 80 人最终出席。

146. 实用模板

为什么要使用模板？

本书之前讨论过“业务便利贴”以及你可以使用便利贴记录的事件类型。记录这些事件是为了跟踪未加入 CRM（客户关系管理软件）或联系人文件的客户的详细情况。

“业务便利贴”是实用模板之一。你也可以创建其他代表性的模板比如销售漏斗。本章末附带的销售漏斗来自国际电力市场（Power Marketing International）。全球多家公司采用了这一销售漏斗。

创建实用模板可以简化你的生活，有利于你和其他人分享专长。印刷一些你使用的最佳模板并在社交活动中将其分发给他人。要确保这些模板上印刷了你的联系方式。

与潜在客户分享模板时，你创造了与其分享专长及取得其信任的机会。他们会希望进一步了解你和你的工作。只是要确保你没有一次性分享所有的内容，给他们一些有用的关键信息，这样他们就会回来要求得到更多信息。

无论你决定和他人分享何种信息，信息一定要具有一致性。确保所有的信息都带有标志，这样如果你的想法被分享给其他陌生人时，你才可以得到他们的认可。在你的网站的表格中添加水印以让标志和联系方式可以一直保留其中。

147. 公司宣传册的重要性

为什么要使用专业的宣传册？

如果你希望与他人做生意，那你一定要阅读这一部分。你不太可能穿着破烂牛仔裤和紧身衣参加在董事会会议室举行的启动会议。你可能会为此场合特意打扮，选择穿着礼服裤和职业衬衫。

商务宣传册也需要同样的“装扮”。除了名片以外，商务宣传册是你开始做生意的第一步。宣传册上的内容不仅可以告知潜在客户你的公司情况，也会向其透露你在专业设计和印刷质量方面的要求。

如果你使用家用打印机打印宣传册，宣传册上一定会有所体现。专业打印店的打印质量、纸张质量、油墨质量都更好。印刷物四周也不会有白色的留白。不要复印宣传册。要使用合理专业的方式打印宣传册。

这不是为你当地的打印店做广告，而是让你从第一步开始就用外在包装为自己做广告。如果你的公司印刷物看起来质量不好，那么客户就会思考他们可以对你的工作质量的期待度是多高。我不是建议你花费数千美元用于设计和打印，而是建议你在预算范围内妥当地完成此事。重新吸引已经扔掉次等促销材料的潜在客户比劝服其第一次使用这些材料更加艰难。如果你没有足够的资金用于制作宣传册，至少要向客户指出这些信息来源于你的网站的哪个位置。

观察你的竞争者使用了何种宣传册。如果他们的宣传册十分精美，那么他们确实就会获得更多的业务机会。有时候外在的包装十分重要。你更希望和谁做生意，衣衫褴褛的懒汉，还是衣着整洁的专业人士？

148. “业务便签”

“业务便签”和印刷模板的相似之处在哪里？

“业务便签”是拜访客户时，可以随身携带的一种模板。“业务便签”是用于罗列潜在客户特殊信息的便签。如果你在“业务便签”上罗列了多种信息而后又将其输入了电脑程序，在这种情况下，为什么我们仍将“业务便签”视为一种模板？这种情况下的模板实际上表示的是“表格”。

你们都填写过订单、退款单等表格。每种表格需要填写的内容都一致。我们使用表格以获取信息。实际上，当你创建“业务便签”时，是手动创建了一种后期可转移到电脑的表格。参加会议时，使用表格可以增加文字的组织性而且可以确保你记录了所有需要的信息。表格可以帮助你提出正确的问题以填写表格中的重要信息。

创建你自己的模板可以让你了解哪些是重要的内容。这也可以让你丢弃那些目前与你的业务毫无关系的数据。你应仔细思考需要收集哪些类型的数据，然后设计简单实用的模板。我填写过一些表格而且很好奇他们为什么需要知道这些信息。简化自己的工作，了解自己需要哪些信息以获得建议。

不要给自己太多的工作，只收集那些你目前需要，以及将来可以使用的信息。然后设计实用的模板。你甚至可以留出空间记录你赠送了何种宣传礼物给此客户。这给了你一个给他们打电话的借口而且创造了另一个接触的机会。

149. 分送样本

你写了一本书或一份白皮书？那么将副本分送给潜在客户阅读，他们会认为你十分专业。

若在社交场合未能将样本分送给目标客户，你可能就会蒙受经济损失。仔细调查你会展示样本书或白皮书的社交场合的出席嘉宾。同样也需要弄清楚预期出席人数，以及其他人可能分送的东西。如果可以，与那些同样准备做展示的人交流弄清他们的宣传手段。这样，你才能做到有备无患。

此时，你就可以决定什么会让你在人群中脱颖而出。或许你会将自己的名片订在打印好的白皮书上，并将反馈表夹在书内。当你分送白皮书时，让对方填写反馈表或去你的网站上添加评论。并不是所有人都会回应你，但真正感兴趣的客户会花时间去网页上填写评论表。

在社交场合，你希望因为正确的事而被记住。你并不想因为自己分发的糖果或提供的开门奖被人记住，而是希望通过展现自己的专长和提供的实用信息而使人印象深刻。相较于你的产品本身，选择你的产品的客户更看重的正是这种品质。

如果你的信息引起了客户的注意，那么你就可以确定会有更多的人涌向你的展位参观展品。话虽如此，我必须提醒你，展销会上总有人只是拿起那些看似不错的商品看看，而并不打算花时间了解你的业务。你无法避开这些人，但至少他们往往只是少数人。

请记住，当你在展销会上分发材料和宣传产品时，你也应当注重知名度。不要让别人很难知道你的身份。让他人很容易就知道你是专家，并且你的印刷材料要直接体现这些信息。

150. 写书的重要性

为什么只有书最能体现专长？

出于多种原因，一本书更有可能让你成为专家。首先，书内会包含他人的评论，这会为你创造专家光环。相较于你对自己的评价，人们更倾向于相信别人对你的评价。

第二，出书显示你已为规划和扩大自己的专业知识付出很多心思和努力。一本书可以证实你确实是专家。

第三，书比你的活动和研讨会波及的范围更广；全国乃至全世界各地的人们都可以阅读你的著作。而如此广的波及面会进一步强调你的专业性。

如果你举办活动，例如研讨会，在广告中打出你的书名，可能会有更多参加者，更好的是，书的销量也会增加。若你决定写书，请务必记住研究课题和用读者可理解的形式写书都是十分辛苦的工作。这并不是一个许多人可以在短时间内完成的工程。要完成一本书，需要毅力和时间规划。

对于写书，我有一个屡试不爽的模式；我写了超过一百本书，其中一些是非常技术性的课题。使用一种模式可以简化写作过程，但这并不能代替研究与能力。你可能会发现，雇用一个影子写手或是由专业作者训练都能使你达到目的。

此处的重要信息是，即使书尚未出版，正在写的书也可以证明你自己。如果你宣布了你正在写书的消息，请确保你会提供实际的出版日期，且在此之前你能够完成该书。除非你认真计划出书，否则不要谈论或提到可能会写书，因为若是不能实现，将会威胁到你的业务关系。

一定要记住

1．核心业务的重要性——一次只专注于一件事会取得更好的结果。名片代表了你和你的业务的第一形象，确保其代表了你的风格。

2．电子邮件地址的重要性——你的电子邮件地址要印刷在所有印刷材料、联系材料和公告材料上。电子邮箱既是了解你工作的窗口，也是人们了解你专长的方式。

3．新闻报道——发送新闻报道要十分精确。确保你研究过将要发送新闻报道的刊物。根据报刊的重点调整标题以刊发新闻报道。

4．简讯——何时使用简讯无关紧要，重要的是通过简讯向客户传达你的专长、新产品和服务。

5．评论/驳论——如果你花时间针对时事新闻发表评论或驳论并将其发送给编辑，那么你的名字就容易出现在报刊上。你可能最后会对自己的名字出现在报刊上的次数感到惊讶。从为热门话题撰写评论着手开始练习。

6．报告样本——免费的报告十分常见。大部分报告并没有真正为人们提出建议。如果你可以编写一份真正为人们提供建议的报告，那么你就领先于大部分人。使用常见问题解答是最容易着手编写报告的方式。

7．白皮书——选择适合自己的形式。白皮书是一份有效的免费报告，可以让客户分析他们目前的行为并与你提供的建议做对比。提供如何选择产品或服务的可靠信息以便于人们做出选择。

8．广告宣传物品——利用签字笔是广告宣传开始的最简单的方式。仔细思考可以体现你的专业技能的礼品，让其和你的联系方式随时出现在潜在客户面前。

9．提高生产力的秘诀——没有比学习如何迅速高效地完成工作更好的事情了。如果你有一些人们抬头就可以看见的有用信息，比如电话礼仪技巧，那么就将其用为促销奖品。要确保公司名字和联系方式印于这些奖品上。

10．活动通告——发送电子邮件是吸引注意力的一种方式。印刷涵盖所有信息的传单是提高本地参与度的一种极佳方式。出席所有社交活动时，请随身携带这些传单。将传单张贴到社区公告栏，或在集市等所有你可以分发传单的地方发送传单。感兴趣的潜在客户会查看网站，甚至可能注册帐号。

11．实用模板——为其他公司提供模板会增加自身的吸引力。为他们提供纸质模板，让他们联系你获取电子模板。

12．公司宣传册的重要性——公司宣传册要具有专业性。宣传册要与网站的信息、外观和风格保持一致。不要让宣传册看起来没有档次，因为宣传册反映了你的专业水平。

13．“业务便签”——创造你自己的“业务便签”。为你自己创造一个纸质的用于记录他人信息的便签。只有你自己知道需要哪些信息以获取订单。尽量在第一次见面时只获取你需要的信息。在企业痛点处，你可能需要记录联系方式和笔记。

14．分送样本——如何从人群中脱颖而出？你分送出去的东西会给你带来更多订单吗？送出的清凉糖果或是作为专家给出的建议，你想因为哪种原因被人记住？

15．写书的重要性——没有什么能像握有一本出版书籍那样让你出众。写书的任务并不像它看起来那样可怕。在资源板块查找更多信息，了解如何开始。

问题列表

看看你主要使用的名片，它是否能给人留下深刻印象？原因是什么？

____

____

____

____

你最后一篇新闻报道是什么时候发出的？

____

____

为你最新的产品或服务的新闻报道写一个简短的标题。

你阅读得最频繁的报纸专栏、杂志社论或专栏是什么?

在列出的专栏中选择两个，想想如何递交评论或驳论以及递交给谁。

你能做出怎样的报告样本来分送给潜在客户?

你现在有什么广告宣传物品？

你认为有利于公司曝光的广告宣传物品是什么？

如果你有一份公司宣传册，你认为它在传递信息这方面怎么样？它是否激发了人们的行动？

白皮书格式

白皮书通常长度为 10 页，包括封面。该文件应包含以下信息：

第 1 页：封面/标题页以较大的字体列出白皮书的标题，较小的字体列出作者姓名、公司名称和写作日期。

第 2 页：包含所有版权信息。

第 3 页：介绍编写该白皮书的公司，包括对其提供的产品或服务的非常简要的描述，以及白皮书内容的描述。

第 4 至 8 页：白皮书正文。格式上，应当给读者列出至少七个主要点。

第 9 页：结论。

第 10 页：封底。可以附加白皮书、书籍、研讨会或类似项目的订购信息。这部分应当简明扼要。如果在此页提供太多信息，则不会有人阅读。

如果你的白皮书简洁且能提供有用信息，可能会有客户提出请求查看更多信息。

销售漏斗

活动

包括会议、社交活动、协会参与、研讨会、午餐会等。

感兴趣的潜在客户

安排第一次会议。

正在发展的潜在客户

已经在安排第二次和后续会议。

符合条件的潜在客户

满足所有购买标准，客户已准备购买。

已被选择

客户已选择和你的公司签订合同。

合同履行

执行工作；

列入参考栏目。

第 11 章　社交媒体

社交媒体是一个非常宽泛的术语，包含了人与人之间相互交流的方式，已成为我们在虚拟社区和网络相互分享信息和交流思想的方式。

社交媒体有许多“渠道”，其中比较流行的有 Facebook，LinkedIn，Google+，Pinterest，Tumblr[1] 等等。我们现在主要利用这些渠道来营销产品和服务，从而改善生活质量，提高业务水平。通过社交媒体，我们为朋友和客户创造了了解我们生活，与我们互动的窗口。

本章主要介绍使用社交媒体的基本方式。我们会引用来自热门网站的示例。我们的目的不是展示如何使用每个网站，而是介绍如何组织个人档案、如何发布和转发信息，以及如何从各种各样的平台中获取有效信息。

社交媒体平台瞬息万变。现在风靡一时的平台，也许半年内就不再流行，其变化速度就是如此之快。某些平台一直受人瞩目，而有些平台虽拥有许多用户，但排名仍然较低。

使用哪一个平台并不重要，重要的是人们能够了解你的信息，并且认同你的看法。在工作时间以外你也要像专家一样展示自己。社交媒体创造了与任何其他交流方式都不一样的机遇，你只需要好好利用它。

1 译者注：这些均是国外通用的社交软件，国内主要有微信、微博、QQ 等。

151. 社交媒体的力量

为什么是社交媒体?

现在有很多关于社交媒体的统计数据。几乎所有我认识的人都在使用 Facebook。通过社交媒体，我们可以很好地展示自己，这远远超过十年前我们的想象。我们现在可以不加考虑地向公众暴露我们的情感。我们可能会后悔说过的话，而这些话再也收不回来。我们生活在完全透明的环境中，无处隐藏。

好处就是我们的工作也更能引人注意。我们可以更加轻松地告诉人们我们的状态，向他们推销产品和服务，并得到及时的反馈。如果你有一家零售店，你一定熟悉 Yelp[2]。Yelp 是一家用户可以对商家，主要是对餐馆进行评论并对其评级的平台，用户还可以交流购物体验。商家需要在 Yelp 上“认证”业务信息，发表看法，解决出现的任何问题。Yelp 向世界展示了用户对你的产品和服务的看法。你需要做的就是好好管理它。

社交媒体也使得你向目标人群投放广告变得简单。根据目标人群的类型，你可以选择投放的广告费用金额。广告好坏取决于关键词。你最忠实的客户搜索他们需要的产品和服务时，在搜索框中输入的词语就是关键词。你必须找出那些词语。Google 上有免费的相关资源能帮助你辨别关键词。

---

2 译者注：国内相应的有大众点评。

你使用社交媒体的目标就是获得品牌知名度，被认可为所在领域的专家。尽管设计个人页面和档案十分简单，但也很容易让人觉得不专业。因此你可以与能帮助你优化信息和设计的同事合作。

把社交媒体作为营销组合的一部分。你可以通过多种方式进行营销，包括面对面交流、印刷广告、发布新闻等等。社交媒体只是众多营销组合的一部分，也是你了解客户的一种渠道，是一种额外收获。

152. 个人页面

你可以在个人页面与家人以及朋友建立关系。

虽然你可以为自己和企业分别创建页面，但是通常情况下，你首先要有自己的个人页面。所有的社交媒体平台都有专门的区域来设置个人档案。在这个区域，你可以优化个人页面，让人们阅读你的个人信息。

在社交媒体平台上填写个人资料之前，设想你希望向人们展示的个人信息。大部分网站都要求上传照片，所以你首先要确保有一张自己的靓照。照片可以随意更换，因此如果你不喜欢最初上传的照片，可以更换为其他照片。要选择你同样会呈交给雇主或其他面试官的照片。记住任何你创建的公共档案都会暴露给公众。你遇到的人会想看看你的个人资料，所以确保你有一张讨人喜欢的照片。

第二步就是输入你的个人信息。只有你可以决定是否添加生日、电子邮件地址、所处位置、婚姻状况等信息。你需要选择为公众提供的信息。哪些是你的朋友已经知道的信息？哪些是你不希望他们知道的信息？在将信息添加到个人档案之前，思考以上问题。

大部分社交媒体网站都允许你发布照片、视频和其他文件。挖掘你具备的资料，只发布那些可以提升你个人档案的信息。我使用 Facebook 时，会浏览或观看自己感兴趣的东西，然后拍下来，立即发表。

人们喜欢发表评论，喜欢与人沟通。你的消息一经贴出，一小时之内就会收到数条评论。与几十人同时保持沟通，这是一种多么好的方式啊！

个人页面要显示你想要其他人看见的内容。你有权删除他人发布在你个人页面上的信息，或者至少可以将其隐藏起来，别人无法浏览。你的个人页面就是你自己的主页，不应该把在个人页面发布的信息与在商务页面发布的信息相混淆。你可以推荐或请求开通商务功能，但个人主页不是销售页面。

153. 商务页面

为什么你既需要商务页面，又需要个人页面？

商务页面是提升业务，谈论业务活动、商品、服务，甚至宣传特价的页面。你可以在你的零售店或在线网页创建购买优惠券。商务页面蕴藏着无限的商机。你需要做的就是正确地利用它。

你要将自己的商务页面和个人页面区分开来。这并不表示你不希望将工作和生活融为一体，而是因为有时候客户差异极大。你会和一些客户成为朋友，而和另一些客户仅仅保持业务上的联系。你希望朋友了解你的业务，你也希望拥有独立的空间，可以向你在社交活动中遇到的人发送信息。

第一次建立商务档案时，要将平台的要求放在一起列一张清单。Facebook 页面和 LinkedIn 商务页面的要求非常相似，但你会发现条目的显示方式大不相同。查看你自己的网站是一个很好的开端。你还需要匹配品牌元素，例如标志、配色方案、条目布局和联系人信息。

你的任务是在所有平台上为客户提供一致的信息。但是，你可以利用社交媒体对业务的其他方面进行推广。也许你想专门利用 Facebook 宣传活动，利用 LinkedIn 开展调查。只要你通过自己的网站将所有的档案放在一起，各个平台的页面还是会呈现出一致的外观。

你希望在社交媒体上发布哪些类型的信息？我建议你找出你所在行业当下的热门话题。利用这些热门话题吸引注意力，展示你的专业能力。你需要每天运作你的社交媒体网站以取得最大收益。人们总是关注新事物的发展状态。他们对知识的渴望无穷无尽，你的任务就是提供信息。

154. 在页面上发帖

哪里是使用社交媒体发布帖子最好的地方？

在页面上发帖十分简单。但要发布人们愿意阅读的帖子就有点难了。发布帖子之前要再三思考。你要了解该帖是否能提升页面的价值。该帖是否会引人注目？是否会有人阅读并推送给其他人？引人注目的重点是什么？

还要思考发帖的原因。如果发帖只是为了和大家分享个人事件，那么请直接分享。如果发帖是为了让目标客户认识你，那么帖子就必须要有内在价值。帖子的价值就是让人们一直期待你发布的信息。如果你发布的只是一些无关紧要的小事，那么就会降低阅读量。

利用帖子获取客户的关键在于号召他们行动。也许你希望得到建议或希望他们阅读你的电子书，那么就要想方设法鼓励他们去做你希望他们做的事情。

在帖子中添加视频。最好是自创视频，与你的话题内容相关的实时视频同样也是不错的选择。

如果可以，向非粉丝或未关注者隐藏部分内容。鼓励他们点赞、关注或成为你的粉丝以阅读你发布的特殊帖子。

帖子下面一定记得添加分享帖子的方式。我曾经遇到一些我想分享而不能分享的页面。毋庸置疑，我再也没有关注他们发布的帖子。

与业务相关的帖子要合理安排。如果你有一系列的项目，需要在不同的时间发布，那么请将他们放在一起并制定发布计划。整理这些项目需要花费大量的工作。

确保你发布的帖子是相互关联的。

在帖子中使用标签（#我的话题#）。这种方式能使人们更容易找到你的话题。你不需要人们通过标签找到你，为你点赞或添加关注，但它是增加关注的重要方法。你还可以将帖子置顶。如果你有好的信息而且此信息会增加你的潜在客户，那么这就是一种广告形式。

155. 转发信息

为什么你想转发某些内容?

如果你在自己使用的社交媒体中发现好的内容，请转发这些内容。我发现许多与我的工作相关的帖子。于是我将它们转发到我的个人页面。这可以让人们了解你关注的对象，也让该帖的创建者有机会对你添加关注，这样你就拥有了更加广泛的网络交际圈。

以下几点需要注意：

◎ 不要发布竞争对手的信息，这会吸引你的客户对他们产品的关注。

◎ 只转发与你的产品相关的帖子。

◎ 表扬原始发帖人。

◎ 转发时发表评论——对此条信息添加你的看法。

◎ 对转发的内容增加操作描述以获得反馈，促进交流。

◎ 确保你有权转发此帖。

转发的形式无关紧要，可以是视频、音频或纯文本。但转发前你自己要观看、聆听或阅读。你一定不希望转发的内容包含一些会损毁你名誉的破坏性信息。

在社交媒体中，你的名誉随时都可能遭到损毁。你要通过转发积极的且有权转发的信息保护你的名誉。

转发幽默的内容乐趣多多。大多人都能理解其中的笑点。欢笑是建立关系的重要方法。向人们展示你人性的一面，告诉人们你喜欢你做的事情并从中得到了许多乐趣。在你的原帖中再次使用标签以进一步推送你的信息。

你也可以转发一些旧的信息。切记不要在发布原帖之后太快转发。确保你向读者表达了这是转发的消息以免他们将此消息视为新信息。

最后，注意发布或转发的最佳时间。

156. 专家发布的帖子

何时是利用专家发帖的最佳时机？

不断发帖是一件很难的事。当你开始觉得自己无话可说时，记住你是专家，人们在向你寻求关于你的话题的最佳信息。下面是一些你编写专家帖子的方法。

第一，找到你所在行业的热门话题。每个行业都会有令人振奋的新发现。研究发布新闻的人以及这些新闻对你的业务产生了哪些影响。这样你就得到了写作此话题的背景资料——读者希望知道新发现对他们的业务产生了哪些影响，你的任务就是让他们了解这些变化，并告诉他们你可以给他们提供帮助。

第二，选择一个与你的业务相关的话题。利用你选择的关键词搜索网页、博客和帖子。弹出的第一个页面就是你想要阅读的内容。查看他们写作的内容，并将那些信息作为研究的一部分来撰写你自己的帖子。如果原帖不是出自竞争对手，那么可以添加了解更多信息的链接，方便读者选择阅读关于此话题的更多内容。

第三，查看竞争对手对此话题发表的看法。在阅读他们的材料时，要注意他们遗漏或缺失的内容。然后利用同样的材料编写你自己的帖子，但增加缺失的内容。

第四，利用你能使用的各种工具找到该领域的专家。你可以发表详尽引用这些专家信息的帖子。读者就会对你编写的东西印象深刻，因为你发表的不仅仅是自己的看法，实际上还对此话题做过研究。

最后，请求该领域的专家访问你的博客或商务页面。大部分专家都会接受这一请求，因为这样也能让他们拥有更广泛的受众。

157. 激发兴趣

哪些方式最利于吸引人们关注你提供的信息?

我们都希望增加页面的吸引力，并最终通过这种吸引力建立合作。增加吸引力需要花费大量的时间，做专门的工作。你需要发表能引人注意的帖子，添加吸引人眼球的标题或行动号召。

激发读者对你的社交媒体页面产生兴趣的方法有很多。在撰写本文之际，Facebook 已经创造了多种方法。Facebook 提供:

◎ 粉丝页面

◎ 置顶帖子

◎ 向目标客户投放广告

◎ 兴趣清单

目前最有待探索的就是兴趣清单。你可以利用兴趣清单扩大读者群。第一步就是列出大约 20 位你最希望与之建立合作关系的人员名字,将其作为一部分目标客户。你可以为这份清单命名，比如取名为财富新闻。这份清单将会把你与这些帖子连接起来，这样你就获得了信息流。相比搜索你所有的帖子中有关这些公司的信息，现在你只需点击你的财富新闻清单，就可以阅读他们的帖子并发表评论。

那些阅读过你的信息流的人将会看到该清单。他们会转而关注你的清单，并将你视作其宝贵的信息来源。你也成为中心人物，对周围事物产生影响，并建立起彼此的联系。

另外一个你可以激发读者关注你的商务页面的社交媒体网站就是 LinkedIn。在这里，你可以积极推送网页，激发读者兴趣。一旦你创建了商务页面，你可以有目的进行更新：播放幻灯片、推销产品和服务、为目标市场定制页面、建立关注群。

在 LinkedIn 建立一个关注群需要做一些前期工作。你可以加入群组，添加评论，并指定成员阅读你的商务页面。你也可以分享信息，特别是能提升自我价值的信息，并建立你自己的群组。

158. 谁在评论你

如何让人们发表评论？

获得点“赞”、粉丝、关注者是一回事，让他们分享或评论你的内容却是另外一回事。策划你的人际关系网，以获得更多的分享和评论。

我有几个定期发帖的页面。每一个页面都获得了 1000 多个“赞”。我遇到的问题是很少有人在页面上发表评论。虽然我不想改变这些页面的信息流，但是我确实需要想办法增加交流。

下面是增加评论和分享的方法。

第一，保持新闻式贴文，因为确实会有人阅读这些内容。

第二，每天增加个人贴文。在我发表评论之后，其他人的评论就明显增加了。

第三，一定要问读者问题。我问的问题会激励他们去寻找可能知道答案的人。

第四，关注你的关注者，了解他们的其他爱好。比起为你点“赞”的人，你要更多地了解你的关注者。如果你的关注者数量众多，要做到这一点可能会有难度，但最终还是可以完成的。

人们关注你是因为你提供了他们正在查找的信息。你需要更好地了解他们，并与之建立良好的关系。这也是人际关系的一部分。

最后，在其他网页上发表评论以引人注意。你发布的帖子和评论会激发人们对你的页面的兴趣。

159. 面向社交媒体

利用社交媒体找到潜在客户的最佳方式是什么？

寻找目标客户时需要问自己一系列的问题。每一个社交媒体平台，在他们的网站范围内都会为你提供一个目标客户人数和其地理位置的范围。如果你充分了解了购买产品和服务的人群，那么你就能更好的制定营销策略。

第一个问题就是：“谁购买了我的产品和服务？”你可以制作一张自己现有顾客和竞争对手顾客的名单，围绕你的话题，做一些网上调研，以挖掘潜在客户。

你需要问自己的问题包括：他们多大了？他们的年龄范围是多少？他们的婚姻状况如何？他们有孩子吗？他们住在哪里？他们性格内向还是外向？他们还购买了其他什么产品？他们有哪些兴趣爱好？他们的受教育程度如何？他们的工作是什

么？他们参加了哪些活动？

制作一份你希望了解的目标客户个人习惯的长篇清单。对客户的了解越多，越有利于你完善营销资料。找到他们在互联网上加入的群组、常去的网站和网页。查找他们在每个平台中使用的互动方式。

详细了解目标客户有助于整理营销措辞，并通过精心的计划采取针对性的营销策略。与理想的客户合作比尝试说服非理想客户了解你的业务要容易得多。潜在客户会习惯地期望你不断提高产品和服务。你必须充分了解你的客户。否则，你的竞争对手将会取而代之。

160. 通过广告获“赞”

怎样才能获得更多的“赞”？

你在社交媒体上所做的一切不是全部免费的。你可以采取一种更简单的方式，那就是购买一些广告来为你的页面增加点“赞”量、关注者或者粉丝。

不必花费高额广告费用。你可以为自己设定最高花费。你也应该思考你究竟想通过广告收获多少的“赞”（关注者）。

创建一则广告并不难。在购买广告之前，有许多需要考虑的因素。

第一，了解目标客户的人数统计数据。了解目标客户的年龄范围和性别。

第二，了解目标客户的居住地。这一点要具体到地区或乡镇的层面。如果你不了解这些信息，那么让目标客户看到你的广告将会花费更多的时间，而且需要播放的次数也会大大增加，当然也会花费你更多的金钱。

第三，掌握可能与目标客户相关的行业类型。这里是指他们感兴趣的类型，比如健康、教育、建筑等。因为人们都希望与和自己趣味相投的人建立关系。

第四，确定你不感兴趣的人群。或许你不希望竞争对手的朋友看到你的广告。

第五，确定哪些图案会吸引目标客户。如果人们想对你的页面点“赞”，他们会首先查看图案再阅读文字。

第六，文字需要有号召力。你可以使用这样的文字：“如果你喜欢狗，请点‘赞’。”你的文字没有必要包含天花乱坠的广告信息，因为你只是希望与和你有共同兴趣爱好的人群保持联系。

最后，对几则广告进行测试，查看哪一则广告最能增加人气。不必保持广告一成不变，而是要经常更换广告，并找出最好的几则广告。

161. 提供价值

为什么要提供价值？

现在你已经拥有了足够的“赞”、关注者和粉丝，那么你还能做什么呢？维持目标客户兴趣最好的方式就是为他们花费的时间和精力提供价值。为了给他们提供价值，编写一些能够提升其业务的内容链接。这意味着你需要对目标客户展开研究，以挖掘其有兴趣阅读的内容。人是懒惰的，他们每天没有足够的时间做他们想做的每一件事情。如果你可以为他们提供信息，他们就会更多的关注，并希望得到更多的信息。链接有用的资源并要求他们反馈和评论，让他们持续与你保持互动。

谈论热门话题，用简单的语言举例，这样他们可以轻松掌握信息。如果你能使用易于他们接受的语言，他们关注的时间会更长。再一次寻求评论和反馈，询问他们是否能为此话题增加新的内容。

要提供一些容易可行的小技巧。询问这些技巧是否对他们有用，或这些技巧是否仍有待商榷，甚至可以询问他们完善这些技巧的方法。你的这些技巧可以包括模板或文件下载，这样你就能了解究竟有多少人在使用这些技巧。

为读者提供价值时，可使用标签（#）以实现进一步的讨论。你希望页面中有大量互动，而不仅仅是发布的相关信息。你也可以使用关键词让你的帖子位于搜索引擎列表顶端。涉及你的客户正在查找的内容时，你一定要保持警惕。

发起有奖励的竞赛非常有必要。这并不表示你要赠送平板电脑。而是需要你为每位参与者准备一份稍有价值的礼物，同时为获胜者准备一份更好的奖品。竞赛对每个人都大有好处。你希望回馈那些与你互动并分享内容的客户。

整合最近更新的内容，并邀请你所在行业的专家参与部分讨论。其他专家可以大大增加你的业务的价值。获取他们的转帖授权或邀请他们访问你的页面。

无论你最终决定哪种技巧对你有用，你都不能创建一个社交媒体页面，然后就置之不顾。如果你没有访问此网站，人们是会知道的。你的帖子内容过时，他们就只看链接的内容，而不看你在该网站发布的帖子。你的页面存在是为了创造价值，然后销路就会随之打开。

162. 建立品牌

建立品牌为何重要?

如果你正在经商而且有业务重心，那么建立品牌就至关重要。如果你访问任何“大品牌”创建的网站或页面，会发现他们使用的是相同的标志、标语和配色方案。对你来说这些东西都一样。

品牌是对公司另一种形式的认可。你知道梅赛德斯——奔驰和可口可乐的标志。但是你知道任何一家地方企业的标志吗？加盟商了解商标、标志和配色方案的用处。当你走进星巴克或毕兹咖啡时，你认识它们公认的标志和配色方案。对你来说这些东西都一样。

我们来谈谈你的标志。该标志是否描绘了你所从事的行业？你是否有一条所有营销资料都适用的标语？你是否拥有自创的产品？那些产品是否展示了你的标志？你的品牌是否有附加值？这些是许多公司经常遗忘的内容。你代表的价值要优于品牌认可，而品牌认可来源于你提供的价值。

强势品牌可以获得客户的响应，他们会提出建议，建立情感纽带，增强品牌忠诚度。你的标志仅仅代表你的品牌，你的品牌是你建立业务的基础，含义要更加丰富。利用品牌，你可以和客户建立关系。品牌是产品和服务的情感纽带。

下面是建立品牌，以及在营销活动中保持信息一致的好处：

◎ 你可以和客户建立情感纽带。人们首先从情感角度出发购买产品。

◎ 品牌的建立有助于你集中开展业务，因为你必须要了解售卖何种产品才有利于品牌建立。

◎ 营销策略的制定也要利于品牌的建立。商务页面、网站、印刷材料，以及其他材料的制定都要考虑到对品牌的影响。

◎ 品牌的建立驱使你提供一致的信息。

163. 提前规划帖子

为什么需要提前规划帖子？

持续关注商务页面、帖子、社交媒体网站、群组活动、博客将会花费大量时间。毫无疑问，提前规划信息会让你的生活更加轻松。

你想取得恰到好处的品牌效果，就得提前规划你的帖子，这将会花费很多的时间。你会希望规划所有的社交媒体页面、群组和博客。你要为所有的页面编制清单。就我个人而言，我有几个正在开展的项目，规划的过程是相当漫长的。我每两个月会花费几小时时间给我的帖子排序。这并不表示我没有突然想发帖的冲动。我的规划是提升公司价值、建立品牌认可，并鼓励观众分享我的信息。

规划时，建立一张你所有页面、群组和博客的电子表格。确定你在每个页面需要发帖的频率，然后再编写帖子。帖子需要包含热门信息，或许你可以将这些信息分散到一系列内容彼此相关的帖子中。

缺失规划，你会发现自己不能像自己想象的那样有规律地发帖。你需要每天花费时间来更新你的社交媒体页面。即使你决定不使用调度软件，你仍然希望提前规划你的营销信息。

你的公司每月有促销或业务活动吗？你可能已提前对其进行规划。你发帖也应该提前规划。将这些促销活动纳入你的整体规划之中。提前一周写下这些内容，并准备一份发表计划。你的规划可以包含在群组发布消息。因为目标客户存在差异，所有你可能希望针对每个群组发布不同的信息。这就是整个规划流程的内容。

规划的终极目标是与目标客户继续建立关系，同时留给自己足够的时间进行其他交流，处理其他工作！

164. 吸引流量

如何利用社交媒体为你的网站吸引流量？

一谈到寻求点“赞”数、关注者或粉丝，吸引流量就是首先要考虑的问题之一。没有流量，就没有人阅读你的帖子，人们就不会知道你提供的优秀产品和服务。你的品牌价值和品牌认可就会被忽视。

我们已经介绍了一些可以为你的社交媒体页面吸引流量的方法，比如购买广告、分享资讯、定期发帖、创造价值以及建立关系。要拥有一位客户并让其信任你的专业能力确实需要花费时间。现在你需要吸引那位客户到你的网站查找更多信息。

下面是一些可以利用你的社交媒体展示提高网站流量的简单技巧：

◎ 确保你的帖子中包含一条能在你的网站获取详尽信息的链接。你的网站应该涵盖相同的信息，但是要更加详细。这意味着你的帖子需要号召人们去查找更多信息。

◎ 发布关于特价和打折的信息并提供一条到购买页面的链接。

◎ 提供将来可在你的网站上使用的购买优惠券——确保其合理的有效期。你可以自由选择有效期是一周还是一个月。

◎ 举办一场竞赛并鼓励你的目标客户参与。在你的网站上提供报名表。

◎ 展开调查并奖励填表人。要想得到该奖励，则需要从你的网站上下载。

还有很多吸引流量的方式，包括优化搜索引擎、使用标签、提供可下载文件、应用和免费福利等。如果你花费时间精心与社交媒体中的目标客户建立关系，那么和他们的任何交流都会博得他们的信任。众所周知，人们愿意与他们了解和信任的人建立合作关系，因此要确保你自己得到他们的信任。

165. 转化为销售

当人们仅仅表示对话题感兴趣时，你如何让人们购买你的产品和服务？

将兴趣转化为销售依赖于几个因素。提供的是否是我想要购买，而不是被推销的产品或服务？这是否是我立即能使用的产品或服务？该产品或服务对我和我的家庭是否有好处？

完成该转化也依赖于你为产品和服务创造的情感依附。例如，人们喜爱苹果产品。新产品发布时，无论他们需要与否都会购买。他们对该品牌具有真正的情感依附。该品牌代表了利用科技来改变世界的变化。销售不是问题。

对我们大多数人而言，人们对我们品牌的情感依附并不强烈。我们必须花费时间创建情感来激励人们购买。你需要引导人们参与进来进而购买产品。客户必须感觉到产品的价值。

为了将对你的话题感兴趣的人群转化为购买者，需要让人们知道你销售的产品。如果你在提供优质信息时没有谈及你的产品，他们可能会去别处购买。

购买时，潜在客户也需要了解对自己的好处。这就回到了 WIIFMs 问题，即我能从中得到什么好处（What’s In It For Me）。你是否了解自己产品的三个主要好处？

如果你能为潜在客户创造一种需求，他们可能就会购买。你的产品和服务应满足他们的需求。如果不能满足，那么可能你没有正确定位产品的目标客户。

网站上的销售页面要易于你的潜在客户进行购买。点击次数超过三次他们可能就不会再购买了。

产品具有情感依附、感知价值和需求时，将兴趣转化为销售不是难题。但你必须花费时间确保具备所有因素。

一定要记住

1．社交媒体的力量——社交媒体只是营销组合的一部分。它代表一种强有力的方法，可以帮助你的潜在客户获得其在最终购买你的产品和服务时所需要的信息。

2．个人页面——个人页面就是个人的。这些页面是给朋友和家人分享个人经历的，不是用来开展业务的。

3．商务页面——创建商务页面为你联系目标客户提供了另一种途径。商务页面用于提供免费建议、及时分享专业相关信息以及让人们了解你的产品与服务。

4．在页面上发帖——帖子不应该是广告。帖子应该提供信息。帖子也应该鼓励其他人分享和评论。查找实时或热门话题，并利用其编写帖子。

5．转发信息——从他人处转发信息可以帮助你树立形象，即是获取信息和与他人建立联系的可靠来源。

6．专家发布的帖子——借用专家信息，根据你阅读的消息创建自己的帖子。致谢并询问他们是否愿意发表客座文章。这些可以帮助你建立自己的信誉。

7．激发兴趣——当你的帖子及时并具有情感吸引力时，你就激发了客户的兴趣。让客户产生你的专业技能游刃有余的感觉。

8．谁在评论你——你获得的分享、评论和“赞”越多，你成为信息提供方的几率就会越高。找到一种让人们发表评论的方式。切忌无趣，要有争议性，以延续讨论。

9．面向社交媒体目标客户——你必须知道购买你的产品或服务的对象。你需要详细了解线上目标客户的人数统计数据和地理位置。

10．通过广告获“赞”——创建一则满足你已经确定目标客户的广告。社交媒体广告要有针对性，这样你才能面向全国、各地区或地方市场投放广告。广告要具有号召力，不能带有销售性质。

11．提供价值——提供者也会受益。在不丢失业务的情况下，尽你所能提供更多的信息和建议。当人们认可你的价值时，他们将会更多的关注，希望得到更多的信息。

12．建立品牌——保持信息的一致性。你有两个选择：第一，创造品牌价值；第二，创造品牌意识。人们会对品牌形成情感依附。你得知道怎样才能做到这一点。

13．提前规划帖子——如果你正在使用社交媒体（你应该使用），那么你可能有数个希望定期发帖的页面、群组和博客。如果你利用营销信息，花时间规划帖子，那你就无需匆忙创建帖子。规划有助于你建立品牌价值。

14．吸引流量——你的社交媒体展示的终极目标是为你的网站吸引流量，让客户购买你的产品或服务。有多种方式可以实现此目标，其中包括举办竞赛、提供优惠券、下载文件和详细的信息。

15．将兴趣转化为销售——让客户可以轻松从你那里购买产品。创造需求、展示好处并寻找让他们对你的产品产生情感依附的方法。

问题列表

你正在使用或打算使用的社交媒体平台有哪些?

你最后一次在社交媒体平台上发布广告是什么时候?

写下可用于你的广告的简短标题。

谁将购买你的产品或服务?

你可以为你的产品创造哪些情感依附?

列出你的产品的好处?

你在今天发布的帖子中发起了几次号召?

你打算如何吸引流量至你的网站?

创建你的社交媒体发帖时间表。

第 12 章　微信介绍

技术总是在不断地更新。成功的社交专家和某种工具的使用者之间的区别就在于使用这些技术的方式。微信现已风靡全世界。

自 2011 年开始，腾讯开发微信作为移动通讯产品。无人知晓的微信，现已拥有 4 亿多位用户。目前是世界上第二大社交通信应用程序。

你使用微信的原因有多种。大多数人使用微信是因为它是一个可以免费发送消息和打电话的程序，可以和全球各地的人（家人和朋友）保持联系。微信的功能包括免费发送消息、音频和视频通话、分享朋友圈、分享照片、玩游戏、刷博客、购物、转发聊天记录、实时对讲、表情（表情包），公众平台整合、查看附近的人（查找特定区域使用微信的其他用户）、漂流瓶、摇一摇、网络一体化、阅读移动新闻、网上商店、手机钱包、创建个人履历、建立品牌和文化。

微信有服务号和订阅号两种账号。你可以根据社交需求自由选择使用哪一种账号。

服务号功能更加广泛，但有每月只允许发送四条群消息的限制。这种账号主要用于为客户服务。

作为社交专家，你需要使用订阅号。这种账号可以进行更基础的交流。如果你使用 Facebook 或 Twitter，订阅号的理念与其相似。订阅号每天都可以向关注者推送一条消息，不像服务号每月只允许发送四条群消息。

最后一点说明：微信将所有的订阅号收藏在主屏幕的同一个文件夹中。用户必须主动点击该文件夹查看消息。这就要由社交专家或品牌推广人决定是使用诱人的消息还是产品以吸引关注者打开每一条推送信息。

本章将探讨微信提供的 15 个协助你进一步发展业务的选项。我们不保证每一个选项都会为你带来更多的业务，但我们保证在网上会有更多的人对你提供的东西感兴趣。

本章末你可以找到目前微信提供的选项。

本章探讨：

- 建立基本联系
- 查看附近的人
- 摇一摇
- 漂流瓶
- 朋友圈
- 转发聊天记录
- 建立品牌和文化
- 照片分享/文件传输
- 博客
- 语音/视频通话
- 网上商店

166. 建立基本联系

当今时代，
你如何联系目标客户并与他们建立合作关系？

我们得到了目标客户的电话号码、电子邮件地址甚至是 Facebook ID，但是谈到合作，我们要如何真正与他们交流并建立合作关系呢？给他们打电话或发信息吗？无论你选择哪种方式，都需要考虑花费和利用率。现在在任何国家，如果你想开展业务，建立合作关系都比以往更加重要。

建立基本联系实际上由你使用的技术平台决定。决定使用哪个平台之前，问问自己：“我有多少联系人、朋友和团队成员正在使用那个平台？”对大多数人而言，最热门的技术加上一大堆应用平台是交流的主要方式。

微信、Facebook、Twitter、Pinterest 都拥有顶尖的技术而且让你在任何地方都能和他人保持紧密的联系，其中微信可谓引领潮流。社交时，你的微信 ID 是个人信息不可或缺的部分。超过 4.68 亿用户使用微信，它正是你应该用来开展业务的工具。

免费发送消息是微信的一个卖点。谁都想要一个免费的、不仅仅可以聊天的应用。微信最好的一点在于你可以与未使用电话但正在使用电脑的人聊天。因为有 QQ 帐号作为连接，所以你可以在任何平台上继续交谈。

一旦登录，社交就真正开始了。

首先，了解你需要建立联系的联系人并开始与之建立关系。围绕你的业务活动进行讨论、回复、并展示你对业务活动的激情。添加表情以促进双方交流。和其分享朋友圈、通过提问和回答展开合作。让目标客户乐意与你交流。

不要期望与无关的人建立联系，花时间联系理想的目标客户。联系时，要聚焦你希望达到的目标。这意味着在建立合适的业务关系时，你需要对客户进行选择。

有选择性不表示你要放弃不符合标准的其他联系人，而是你需要将时间集中在重要的地方。非重点关注的人群可能认识对你的产品或服务感兴趣的人，因此要问他们一个重要问题："你是否认识可能会使用我的产品或服务的人？"

微信提供多种让你迅速找到目标客户的功能。在本章的余下部分我们将对其进行更多的探讨。

167. 查看附近的人

为什么要与附近的陌生人建立联系?

查看附近的人是许多微信用户最喜欢的一个功能。该功能让你轻松找到附近区域的人而且你还可以给他们发送消息、成为朋友。如果你在设备上启用了该功能，其他人也可以找到你。

这是一种可以与附近的任意一个人建立联系的方式。你将看见他们的姓名、自定义状态、头像或个人档案图片，以及与他们的距离。他们同样也可以看见你的个人档案。人们会看见你展示的内容。

为什么要与一个完全陌生的人建立联系?

因为陌生人可能成为你的意向联系人或者他们可能认识符合你的目标客户档案的人群。你可以使用该功能建立很多联系。联系人清单不必具有目的性，但是如果你用正确的方式建立联系也是有用的。

在你和其他使用该功能的人建立联系之前，确保你写下了目标并在该过程中一直执行。查看附近的人不仅仅可以寻找约会对象，也可以寻找合适的目标客户。当然，你可以寻找约会对象。但为什么不为你的书寻找读者或为你的产品或服务寻找购买人呢？这都取决于你的目标以及你为达到那些目标使用的策略。

查看附近的人的最佳使用方法是什么?

参加一场社交活动并观察人群以寻找潜在客户。这是利用该功能取得商业成功的绝佳方式。与参加活动的人见面以建立新的合作关系。约定下一次见面的时间和地点，进一步了解对方。你甚至可能在人群中找到潜在客户。

你的微信 ID 是建立潜在客户名单的关键，充分利用这一点优势。通过请求他们加入你的分组来对联系人进行分类。你出席的每场社交活动，要有至少要获得 10 位新的业务联系人的目标。微信可以让你更加轻松地实现此目标。

168. 摇一摇

为什么要通过摇一摇与完全陌生的人建立联系？

在当下的商业环境中，找到独特的方式与其他商业人士建立联系尤其重要。许多公司斥巨资拉拢新客户。如果说有一种可以吸引客户并减少开支的独特的方式，那么摇一摇正好位列此中。

摇一摇是微信的一个插件。你需要做的就是从屏幕上选择该选项，然后摇晃手机。微信会为你寻找其他正在摇晃手机的用户并在屏幕上列出该名单。

与“摇一摇用户”沟通很容易，因为他们也正希望与其他人建立联系。你只需发送“你好”就可以展开交谈。这些都很简单。

建立良好的业务联系时，下面是一些你可以用来引导谈话向你希望进展的方向发展的技巧。

1．列出一张可以证明该潜在客户（摇一摇用户）资格的问题清单。

2．收集他们的答案并询问更多的问题以充分了解此人是否有兴趣与你开展业务。

3．如果他们有资格成为潜在客户，准备一份报价以及网站页面发送给他们。

4．如果他们合格，将他们添加至合适的分组以进行业务讨论。

5．如果他们不合格，则只将他们作为社交中的一环，明确询问他们是否认识对你提供的东西感兴趣的人，然后关注他们发送的联系人。

使用摇一摇与他人建立联系的优势是任何其他方式都无法满足的。

温馨提示：不要透露任何个人信息，比如地址。只在公共场合与他人碰面。

169. 漂流瓶

如果只身荒岛，你会发送什么消息？

另一种与潜在客户在微信上建立联系的独特方式就是使用漂流瓶。一开始你可能会思考需要使用这种技术的原因，漂流瓶的理念在于和你所在区域之外的人建立联系。

漂流瓶是一则装在瓶子中投进大海中的消息。瓶子里面可以包含文字消息、语音消息等等。一旦你将瓶子扔进虚拟的海洋，最终将有人捡起瓶子、阅读消息。通常只需花费几分钟就能收到一条回复。漂流瓶为你提供新的联系人，你可以与之分享所感所想、所见所闻。

如何使用漂流瓶获取业务优势？

漂流瓶具有随机性，你永远都不知道你的瓶子将漂到谁的手里。因此要在瓶子里放具体的消息。

例如：如果你希望联系有兴趣购买商务电子书的人，那么消息要反映出你希望与电子书读者建立联系。这是非常宽泛的用词，你可以将此消息具体化。你可以只为商务社交电子书读者放置消息。

添加消息之前，聚焦你的终极目标。关注重要的、商业方面的消息而不是私人联系。虽然二者通常不分彼此，但要保持业务重心以增加购买者。

让我们来谈谈示例中，聚焦商务电子书读者的漂流瓶中的消息。消息可以很简单：“有一本销量极好的社交商务书刊，既有趣又有益，正在寻找读者。”

消息可以是纯文字，或者你可以使用录音或增加其他内容让其更加有趣。更进一步，你可以添加一个简短的朋友圈式的小视频。

一旦获得回复，你可以将这些联系人变为关注者甚至可以同时获取其他的交流渠道。你的任务是与他们建立联系并定期进行交流。如果不进行交流，漂流瓶营销策略就会失去价值。

170. 朋友圈

头脑中迸发出奇思妙想时，你会做些什么?

这些奇思妙想激发创造力。分享这些时刻并马上得到回复，这真是最令人快乐的事情。

以前很难想象你可以分享时长仅 4 秒。但是，微信做到了。它为用户提供与关注者和朋友分享短暂时刻的平台。

微信的基本功能是分享和评论状态（照片或纯文字）。

如果你正在推销业务，可以通过朋友圈关注联系人。人们喜欢与他们认识并信任的人建立合作，朋友圈就是只和当前的联系人分享消息。对正在创建业务的人而言，分享朋友圈，寻求回复以建立信任不可或缺。

想象你正在为公司设计新的标志并在朋友圈寻求关于图案的意见。你获得的回复将有利于你选择合适的颜色、形状和设计。除了标志，你还可以利用其他方式与当前和潜在客户互动。

开展民意调查、发布活动、寻求帮助，所有这些都可以在短时间内完成，几乎不会打扰到业务联系人的日常生活。重要的是记住人们没有回复你的义务。因此如果不花费时间分享对关注者有用的内容，那么你的消息就会失去意义。

如果关注者形成了认为你发送的朋友圈有价值、有趣、有吸引力的意识，下一次你发送的消息被阅读的可能性就会增加到75%。

为交流策略设定目标并竭尽所能遵守。确保交流内容对接收者具有价值。

171. 转发聊天记录

你是否创建过或分享过值得转发的消息记录？

通过转发聊天记录创建和分享消息需要注意两个方面。第一，为可能对此话题感兴趣的人转发该条聊天记录；第二，鼓励他人分享你的聊天记录以增加目标客户。

无论你使用哪种技术，分享是开启成功社交大门的钥匙。下面是我认为分享是社交成功关键的依据。我有一个名叫作家成功协会（Authors Success Guild）的网站。一开始，我的页面没有任何联系人，我必须从零开始建立该网站。我和一些朋友分享该页面，获取他们的回复，询问他们是否认识对学习推销自己的书籍感兴趣的人。这些为数不多的朋友将我的消息分享给了他们的联系人，这些联系人又将该消息分享给了他们的朋友。令人惊讶的事情出现了，不到一个月，我就拥有了 4,000 多位联系人，截止本书出版，人数已经超过 5,000。没有投放广告，只利用分享和转发聊天记录就取得了这样的效果。

分享一则消息很简单，但你可以进一步利用转发聊天记录选项。转发聊天记录会发送整个对话内容，这样，你就能获得回复。如果对话内容有趣、切题，那么转发聊天记录就可以增加关注者。重要的是要确保聊天记录值得转发或分享。

转发聊天记录是通过社交以获取更多业务的一种新方法。它为关注者开启分享你的“生活源泉”的大门。你可以使用幽默有趣的方式分享促进业务的任何内容。

开启转发聊天记录的大门就是真正将你的业务内容展现在公众眼前。创造值得转发的聊天记录，将重心放在业务上。如果偏离业务范围，可能造成灾难性的结果。

构思聊天内容时要注意以下几个方面：

1．信息性

2．娱乐性

3．长久可变性

4．吸引性

5．行动导向性

我甚至可能会更进一步规划聊天内容会产生的最大影响。当然，随性而为没什么不好，但以结果为导向效果会更好。

172. 建立品牌和文化

你正在以何种方式建立品牌以期带来大量业务？

微信用户数量不仅在中国，在其他地方也正在迅速增长。截止 2014 年年底，微信用户超过 4.68 亿。截止 2015 年底突破 6.5 亿。你可以想象以后还会有多少新增用户。微信是一种不容忽视的力量，推销和社交策略都需要使用微信。

超过 26%的微信账号与电子商务相关，还有不计其数的餐饮业和金融业账号。大多数公司每周三次更新信息流，一次至少更新两条帖子。

48.7%的公司使用微信推广品牌，44.9%的公司使用微信管理客户群。微信的其他用处还包括拓展在线销售渠道、推广销售活动和节省成本。（资料来源于 Wemedia 中国网络观察，2014 年 9 月。）

即使有了这些数据支持，你仍需努力建立品牌。当你向公众提供产品或服务时，在他们决定购买前还要经历很多过程。大多数人在决定购买前，会在网上花费大量时间搜索意见和反馈。作为营销人员，你要确保在提供产品之前，消息和评论已经到位。

下面是利用微信建立品牌时可以使用的策略。

1．使用验证账号，这样你可以推送图像和文字组合的消息。这意味着你需要拥有 1,000 位订阅者。你可以通过使用像新浪微博这样的平台进行推广，同时做一些线下营销的方式来实现此目标。

2．分享品牌图案并让订阅者将这些标志放在他们的个人页面上。这是一种可以让订阅者炫耀他们的品味和偏好的社交标记。当然，你希望鼓励订阅者在他们的页面展示你的标志并分享他们的经验。

3．通过混合的方法分享具有创新意义的内容。不要只使用纯文字，利用图像、声音和视频将其美化。

建立品牌要有重心和连续性。使用调色板来确定业务主色调，查找具有协调或互补色彩的图像，同时还要关注消息本身传递的内容。内容一致、信息明确的消息是帖子的基本组成部分。

173. 照片分享/文件传输

如果你想分享专业技能，
准备好开启文件分享的大门。

利用微信中的文件传输和照片分享功能开展业务更加容易。

没有人不喜欢免费的东西，特别是来自自己关注的品牌的东西。你能想象得到一家大品牌鞋店的免费鞋带，然后被告知要将此消息分享给朋友，你会做吗？如果是一张你和名人的精美合照呢，你会和其他人分享吗？

好的照片一般是抓拍的。从市场营销的角度看，带有产品或服务的照片会更好。用独特的方式使用你和产品的合照，为照片添加字幕或评论（可以使用迅速为照片添加文字的手机图片编辑软件)以塑造品牌形象，然后分享这张照片。这样，影响力会更加广泛。

除了照片，微信也允许用户之间进行文件传输。通过文件分享来发送有趣幽默的消息是多么好的业务推广方式啊。许多企业个使用具有教育性、娱乐性和通知性的白皮书。但是如果该白皮书讨论的是利用技术或服务怎样省钱或赚取更多的钱，那么它被分享的可能性就会提高。

微信具有分享照片（分享之前可以对照片进行编辑）和传输文件的功能，你就不再需要其他具有这些功能的应用程序。这意味着你可以不需要切换程序就完成一切。

关于照片分享和文件传输的一些想法：

1．关注客户或潜在客户，只分享有用的消息至这些群组。

2．提供值得分享的消息并为关注者提供社交标记。这意味着当他们分享你提供的内容时会有不错的形象。

3．为分享的内容建立品牌并寻找联系人。无论你做的业务是什么，都需要客户。只有你在分享的每条消息中都告诉客户你的位置，他们才能找到你。

4．找到尽可能多的方式建立联系人名单，然后定期进行交流。

5．利用分组（你创建的群组）确定可分享的内容。一些群组可能喜欢照片而另一些可能喜欢白皮书，诸如此类。

尽你所能规划分享内容。你需要做的就是决定在一周中何时分享哪些内容。你可以周一和周四分享照片，周二和周五分享文件。不要花费一整天思考要分享什么内容，提前做好分享的计划。

174. 博客

当你在博客中分享精彩瞬间时，
你希望发表长文本还是简短的文字？

当涉及主题和行业多样性时，博客通常很聚焦。关于博客文章的长度有多种说法。一些人喜欢 500 字以内的文章，另一些人则喜欢 1,500 字以上的长篇文章。这都由你的目标客户决定。

如果你是博主，任务有时会非常艰巨，而且人们的看法有时会和我们的预想产生分歧。因此微型博客应运而生。

微型博客，例如 Twitter，将分享的消息字数限制在 140 字以内。通常附上所分享消息的详细内容的链接。现在也可以利用微信发表微型博客。使用微型博客作为验证账户时，你就可以使用多种媒体形式如文本、视频、照片并定位在博客上发表的文章。中文或日文的 140 字符足够写完一本书的一个章节，不像英语，字符数和单词数不是一回事。

虽然微型博客要接受审查，但它仍然是一种社交和建立联系的重要方式。这是提供具有创造力内容的机会，也是一种与关注者互动并推广品牌的特别方式。

在博文中添加表情包可以有效提高推广效果。各种表情有助于有效传达信息，目前动画表情的业务具有巨大的市场潜力。

微信在发布平台拥有最准确的信息群。公司可以了解目标客户的习惯，谁在何时阅读了哪些内容以及大量其他数据。具备这些功能，微信就为你提供了一个不容错过的推销机会。

微信利用二维码引导潜在关注者关注网站、微信账号等。你的个人（商务）二维码很大程度上代表了你和你的业务。打造有趣的二维码并引导人们扫描二维码。在二维码中心使用你的照片或标志或其他图案以提高人们对你微信 ID 的注意力。

现在就可以进行推销了。如果你的博客中包含焦点话题、恰当的表情包和二维码，那么它就会很受欢迎。走出去参加社交活动、虚拟活动或使用一些微信提供的独特联系方式发展你的关注者。

175. 语音/视频通话

与视频通话相比，语音通话更有吸引力吗？

IP 语音或 VOIP 语音发展已经有十余年了，使用网络电话而非“有线”电话也成为一种常态。利用某些技术，还可以进行视频通话。Skype 和 Google Hangouts 提供了本是基于个人电脑的视频通话平台，现在也已经转向手机领域展开竞争。所有这些公司在语音和视频通话方面都没有微信涵盖的内容广泛。

微信可以在手机上登录，也可以在其他设备如笔记本电脑、台式电脑、和平板电脑上登录。只要 WiFi 信号良好，图片和语音质量都非常清晰。我估计，VOIP 语音和视频通话将来会取代普通通话。VOIP 通话费用更低、可用性也很广泛。

没有比面对面或视频通话更好的开展业务的方式。看到他人的行为会带来更多的业务。尽管不是必须进行视频，但对大多数人会产生不一样的效果。

使用视频通话的礼仪规则：

1．着装适宜。不要穿着睡衣或头发蓬乱的去洽谈业务，这会给人留下不好的印象。要着商务休闲装，这样才能显示出你对业务的认真态度。

2．通话时不要吃东西。对我个人而言，不希望看到当我在谈论业务时别人正在吃东西。嘴里含着东西讲话会让人不舒服。通话结束后吃东西。

3．规划通话的内容，没有价值的通话会浪费时间和精力。

4．保持通话简短、切题。

5．准备好跟进活动内容，这样通话中的每一个人都明白接下来的步骤。

所有的商务通话都很重要。花时间计划和你遇见的每一个人通话。视频真实地展现了你的工作习惯和职业素养。保持警惕的同时展开交谈，寻找维持交流的方法。

176. 网上商店

你如何管理自己的网上商店?

你代表着自己的业务，需要在网上展示产品和服务。开展网上商店业务，首先你需要建立自己的官方网站。你也需要在其他地方包括你的社交媒体平台中建立商店。

店面不需要宏伟。店面可以是像在 eBay、Amazon 和微店。通过定位和完整的文档信息功能，微信中新的手机商店应用为你和公司提供与客户实时交流的功能。可能你早已知道，参与交流的客户就是打算购买的客户。

微信商店要包含产品的详细信息、库存跟踪、促销计划和产品货架管理。基于微信庞大的用户群，这是一个结交他人并找到更多客户的机会。

使用财付通在微信中进行支付已经合理化。财付通是微信自带的支付方式。由你统一管理支付。建立店面时，要考虑到相关的费用。因为利率经常变化，所以本书中不对此进行讨论。

支付完成后，需要 5 个步骤对商店进行完善。

1. 添加物品。可以是任何东西，但是你需要添加产品介绍、发货信息及成本等等。

2. 为保持货架库存，请建立商品管理。

3. 确定产品货架。

4. 总览店铺，查看整个店面确保一切正常。

5. 管理订单。查看订单，按订单要求发货并跟踪发票和付款。

对我而言，处理实体产品比较麻烦。因此我的商店始终经营数字下载相关产品。在微信网络商店经营产品的步骤相同。

最后一步是确保已建立好品牌，这样可以利用品牌发展关系进行销售。

一定要记住

1．建立基本联系——不要期望与无关的人建立联系，花时间联系理想的目标客户。联系时，要聚焦你尝试达到的目标。这意味着在建立合适的业务关系时，你需要对客户进行选择。

2．查看附近的人——你的微信 ID 是建立潜在客户名单的关键，充分利用这一点优势。通过请求他们加入你的分组来进行分类。每场你出席的社交活动，要有至少要获得 10 位新的业务联系人的目标。微信可以让你更加轻松地实现此目标。

3．摇一摇——摇一摇是微信可使用的一个插件。你需要做的就是从屏幕上选择该选项，然后摇晃手机。微信会为你寻找其他正在摇晃手机的用户并在屏幕上列出该名单。

4．漂流瓶——添加消息之前，聚焦你的终极目标。关注重要的、商业方面的消息而不是私人联系。虽然二者通常不分彼此，但要保持业务重心以增加购买者。

5．朋友圈——开展民意调查、发布活动、寻求帮助，所有这些都可以在短时间内完成，几乎不会打扰到业务联系人的日常生活。重要的是记住人们没有回复你的义务。因此如果不花费时间分享对关注者有用的内容，那么你的消息就会失去意义。

6．转发聊天记录——开启转发聊天记录的大门就是真正将你的业务内容展现在公众眼前。创造值得转发的聊天记录，将重心放在业务上。如果偏离业务范围，可能造成灾难性的结果。

7．建立品牌和文化——分享品牌图案并让订阅者将这些标志放在他们的个人页面上。这是一种可以让订阅者炫耀他们的品味和偏好的社交标记。当然，你希望鼓励订阅者在他们的页面展示你的标志并分享他们的经验。

8．照片分享/文件传输——尽你所能规划分享内容。你需要做的就是决定在一周中何时分享哪些内容。你可以周一和周四分享照片，周二和周五分享文件。不要花费一整天思考要分享什么内容，写下那些想法并放到计划表中。

9．博客——虽然微型博客要接受审查，但它仍然是一种社交和建立联系群的重要方式。这是提供具有创造力内容的机会，也是一种与关注者互动并推广品牌的特别方式。

10．语音/视频通话——没有比面对面或视频通话更好的开展业务的方式。看到他人的行为会带来更多的业务。尽管不是必须进行视频，但对大多数人会产生不一样的效果。

11．网上商店——微信商店要包含产品的详细信息、库存跟踪、促销计划和产品货架管理。基于微信庞大的用户群，这是一个结交他人并找到更多客户的机会。

问题列表

微信

列表

基本联系

你认识谁?

姓名：

公司：

姓名：

……

清单

使用微信

列出你将参加的活动和利用查看附近的人可以建立的新的合作关系。

____

使用摇一摇时你将发送什么消息？

____

在此列出漂流瓶消息的大致内容：

____

列出至少三种你可以与业务联系人在朋友圈分享的信息：

____

鼓励客户转发聊天记录时你会提供什么消息？

____

微型博客的重点是什么？

____

____

列出网上商店可以使用的产品和服务。

____

____

____

博文视点好书力荐

Broadview
网络营销决胜武器
实战方法·案例·问题
软文营销
第2版
徐茂权 著
网络营销专家联盟 联合力荐

互联网+创业相对论
胡维 著

Broadview
服务设计微日记
茶山 著

Broadview
创游记
游戏团队创业成长之路

Broadview
中国企业版《创新者的窘境》
大象困局
徐文君 著
互联网+时代的传统企业转型难题
Internet+, transformation difficulties of traditional businesses

商战往事
解决方案销售与售前顾问协同打单实录

中小电商不能错过的网店运营秘籍
Broadview
爆款
手把手教小白做网店运营

Broadview
微信营销与运营
公众号、微商与自媒体实战揭秘
孙健 著

Broadview
微信运营手册
斯克西南 关础 编著

学会学习
LEARNING TO LEARN
Strengthening Study Skills and Brain Power
(revised edition)
[美] Gloria Frender 著

博文视点精品图书展台

专业典藏

移动开发

大数据·云计算·物联网

数据库

Web开发

程序设计

软件工程

办公精品

网络营销

反侵权盗版声明

电子工业出版社依法对本作品享有专有出版权。任何未经权利人书面许可，复制、销售或通过信息网络传播本作品的行为；歪曲、篡改、剽窃本作品的行为，均违反《中华人民共和国著作权法》，其行为人应承担相应的民事责任和行政责任，构成犯罪的，将被依法追究刑事责任。

为了维护市场秩序，保护权利人的合法权益，我社将依法查处和打击侵权盗版的单位和个人。欢迎社会各界人士积极举报侵权盗版行为，本社将奖励举报有功人员，并保证举报人的信息不被泄露。

举报电话：（010）88254396；（010）88258888

传　　真：（010）88254397

E－mail：dbqq@phei.com.cn

通信地址：北京市万寿路173信箱　电子工业出版社总编办公室

邮　　编：100036